GÖRÖG: MINDEN NAPI RECEPTEK GÖRÖG GYÖKEREKKEL

Kóstolja meg a görög konyha esszenciáját
100 recepten keresztül

Szervác Boros

Copyright Anyag ©2024

Minden jog fenntartva

A kiadó és a szerzői jog tulajdonosának megfelelő írásos beleegyezése nélkül ennek a könyvnek egyetlen része sem használható fel vagy továbbítható semmilyen formában vagy módon, kivéve az ismertetőben használt rövid idézeteket. Ez a könyv nem helyettesítheti az orvosi, jogi vagy egyéb szakmai tanácsokat.

TARTALOMJEGYZÉK

TARTALOMJEGYZÉK 3
BEVEZETÉS 7
GÖRÖG REGGELI 8

    1. Görög omlett rakott 9
    2. Görög sajtos pite dióval és mézzel 11
    3. Mediterrán reggeli tál 13
    4. Görög avokádó pirítós 16
    5. Teljes kiőrlésű pirítós avokádóval és tojással 18
    6. Görög rántotta 20
    7. Görög tükörtojás burgonyával és fetával 22
    8. Görög szezámmagos kenyérgyűrűk 24
    9. Görög reggeli Ladenia 26
    10. Görög reggeli rizspuding (Rizogalo) 28
    11. Görög reggeli tojásos muffin 30
    12. Görög reggeli tojásos serpenyő zöldségekkel és fetával 32
    13. Görög reggeli Pitas 34
    14. Görög joghurtos parfé 36
    15. Mediterrán Omlett 38
    16. Spenótos és fetás reggeli pakolás 40

GÖRÖG NAGYON 42

    17. Görög Tzatziki Dip 43
    18. Görög rántott sajt 45
    19. Görög krumpli 47
    20. Görög Feta Dip 49
    21. Mediterrán gyümölcssaláta 51
    22. Calamari rozmaringgal és chili olajjal 53
    23. Görög padlizsán mártogatós 55
    24. Görög Spanakopita tavaszi tekercs 57
    25. Görög Tortilla Pinwheels 59
    26. Görög töltött uborka falatok 61
    27. Cropogós fűszeres burgonya 63
    28. Görög saláta Cracke r 65

29. Görög Pita kenyérfalatok 67
30. Görög cukkini golyó (Kolokithokeftedes) 69
31. Baklava Energy Bites 71
32. S garnélarák gambas 73
33. Mediterrán ihletésű ösvénykeverék 75
34. Datolya és pisztácia falatok 77
35. Padlizsán mézzel 79

GÖRÖG EBÉD 81

36. Görög klasszikus citromburgonya 82
37. Görögsaláta _ 84
38. Görög csirke Gyros 87
39. Görög húsgombóc 89
40. Görög töltött paprika 91
41. Görög bableves 93
42. Görög sült zöldbab 95
43. Görög lencseleves 97
44. Görög csicseriborsó leves 99
45. Görög Souvlaki 101
46. Görög marha- és padlizsán-lasagna (Moussaka) 103
47. Mediterrán csicseriborsó saláta 105
48. Citromos fűszernövény csirke quinoával és őszibarackkal 107
49. Görög salátacsomagolás 110
50. Mediterrán Quinoa saláta 112
51. Mediterrán tonhal és fehérbab saláta 114
52. Tintahal és rizs 116

GÖRÖG VACSORA 118

53. Görög töltött szőlőlevelek 119
54. Görög sült Orzo 121
55. görög Spanakopita 123
56. Görög sajtos pite (Tiropita) 126
57. Görög lassan főtt báránygyros 128
58. Görög bárány töltött cukkini 130
59. Görög bárány Kleftiko 132
60. Fűszerezett bárányszelet füstölt padlizsánnal 134
61. Görög bennszülött és bárány Pasticcio 136

62. Görög zöld saláta pácolt fetával 138
63. Görög Bárány Pitas 140
64. Mediterrán sült lazac 142
65. Mediterrán Quinoa töltött kaliforniai paprika 144
66. Mediterrán lencse- és zöldségpörkölt 146
67. Grillezett zöldség és Halloumi nyárs 148
68. Mediterrán garnélarák és spenót Saute 150

GÖRÖG VEGETÁRIUS 152

69. Görög Jackfruit Gyros 153
70. Görög vegán Skordalia 155
71. Görög Orzo tészta saláta vegán fetával 157
72. Görög csicseriborsó gyros 159
73. Görög vegetáriánus muszaka 161
74. Görög sült cukkini és burgonya 163
75. Görög vegetáriánus rizs 165
76. Görög Gigantes Plaki 167
77. Görög paradicsomos rántott 169
78. Görög csicseriborsó rántott 171
79. Görög fehérbab pörkölt 173
80. Görög vegetáriánus Bamie s 175
81. Görög grillezett zöldségtálak 177
82. Zöldséggolyók Tahini citromszósszal 179
83. Görög sült zöldségek 181
84. Görög A ube igine és paradicsompörkölt 183
85. Görög avokádó tartine 185
86. Görög spenótos rizs 187
87. Görög Avgolemono leves 189
88. Görög Növényi Pitas 191

GÖRÖG DESSZERT 193

89. Görög vajas sütik 194
90. Görög mézes süti s 196
91. Görög diótorta 198
92. görög Baklava 200
93. Ananász szép krém 202
94. Görög narancstorta 204

95. Görög fánk (Loukoumades) 206
96. Görög puding puding 208
97. Görög mandula szirupos sütemények 210
98. Görög mandulás omlós tészta 212
99. Görög narancsvirág Baklav a 214
100. Görög méz és rózsavíz Baklava 216

KÖVETKEZTETÉS **218**

BEVEZETÉS

Lépjen be a mediterrán ízek napsütötte világába, és ölelje fel a görög konyha esszenciáját a "Görög: mindennapi receptek görög gyökerekkel" segítségével. Ezen a kulináris utazáson megkóstoljuk a görög ételeket meghatározó ízek gazdag szőttesét – a hagyományok, a frissesség és az Égei-tenger vibráló szellemének tökéletes fúzióját. Ez a 100 gondosan válogatott receptet tartalmazó szakácskönyv az otthoni főzés művészetét ünnepli, lehetővé téve, hogy a görög konyhák melegét hozd a sajátodba.

Képzelje el az Égei-tenger azúrkék vizét, a hegyoldalakhoz tapadó, fehérre meszelt épületeket, valamint az olívaolaj és a fűszernövények illatát, amely a levegőben terjeng. A "görög" nem csak receptgyűjtemény; ez egy útlevél Görögország szívébe, ahol minden étel egy történetet mesél el az örökségről, a regionális hatásokról és a közös étkezés öröméről.

Legyen szó tapasztalt séfről, aki az autentikus görög ízek újrateremtésére törekszik, vagy egy házi szakács, aki szívesen átitatja ételeit mediterrán hangulattal, ezeket a recepteket úgy alakítottuk ki, hogy elérhetőek, ízletesek és a mindennapi görög konyha ünnepe legyen. A klasszikus muszakától a lendületes görög salátákig induljon el egy kulináris odüsszeában, amely elhozza a görög asztal szellemét.

Csatlakozzon hozzánk, miközben felfedezzük a görög konyha egyszerű, mégis mélységes élvezeteit, ahol minden recept emlékeztet arra, hogy a jó étel képes eljuttatni Önt a napsütötte partokhoz, családi összejövetelekre és a görög vendégszeretet szívébe. Gyűjtsd össze tehát a hozzávalókat, öleld fel a mediterrán szellemiséget, és élvezd a görög konyha esszenciáját a „görögön" keresztül. Opa!

GÖRÖG REGGELI

1.Görög omlett rakott

ÖSSZETEVŐK:
- Tizenkét nagy tojás
- 12 uncia articsóka saláta
- Nyolc uncia frissen vágott spenót
- Egy evőkanál friss kapor
- Négy teáskanál olívaolaj
- Egy teáskanál szárított oregánó
- Két gerezd apróra vágott fokhagyma
- Két csésze teljes tej
- Öt uncia szárított paradicsom
- Egy csésze morzsolt feta sajt
- Egy teáskanál citrombors
- Egy teáskanál sót
- Egy teáskanál bors

UTASÍTÁS:
a) Vegyünk egy nagy tálat.
b) Adjuk hozzá a tojásokat a tálba.
c) A tojásokat körülbelül öt percig verjük.
d) Vegyünk egy másik tálat, és tegyük bele a borsot, a citromborsot, a friss kaprot, a szárított oregánót és a sót.
e) Az összes hozzávalót jól összekeverjük.
f) Adjuk hozzá az olívaolajat és a spenótot a tojásos tálba.
g) A hozzávalókat jól összedolgozzuk, majd hozzáadjuk az apróra vágott fokhagymát és a többi hozzávalót.
h) Keverje össze a két tál összes hozzávalóját.
i) A keveréket kivajazott tepsibe öntjük.
j) Süssük a tepsit huszonöt-harminc percig.
k) Ha kész, tálaljuk ki a tepsit.
l) Az étel tálalásra kész.

2.Görög sajtos pite dióval és mézzel

ÖSSZETEVŐK:
- Nyolc uncia feta sajt
- Egy csomag filo lepedő
- Egy teáskanál szárított menta
- Fél csésze apróra vágott dió (tetszés szerint)
- Egy csésze mézes kakukkfű
- Egy csésze szűrt görög joghurt
- Hét uncia vaj

UTASÍTÁS:
a) Vegyünk egy nagy tálat.
b) Hozzáadjuk a vajat és jól elkeverjük.
c) Adjuk hozzá a görög joghurtot és a fetasajtot a vajas tálba.
d) A hozzávalókat jól összekeverjük.
e) Adjuk hozzá a szárított mentát a tálba, és jól keverjük össze.
f) A filolapokat kivajazott tepsibe terítjük.
g) Adja hozzá a sajtos keveréket a filolapokhoz, és fedje be további filolapokkal.
h) Süssük a pitét körülbelül negyven percig.
i) Tedd ki a pitét.
j) A pite tetejére csorgassunk mézes kakukkfüvet.
k) Díszítsük az edényt apróra vágott dióval
l) Az étel tálalásra kész.

3. Mediterrán reggeli tál

ÖSSZETEVŐK:
- 4 lágy tojás, ízlés szerint főzve
- 8 uncia fehér gomba, félbevágva
- Extra szűz olívaolaj
- Kóser só
- 2 csésze koktélparadicsom
- 2 csésze bébispenót, csomagolva
- 1-2 gerezd fokhagyma, darálva
- 1 ½ csésze humusz
- Za'atar fűszerezés
- Olajbogyó (elhagyható, díszítéshez)

UTASÍTÁS:
SAUTÉ GOMBA:
a) Egy serpenyőben közepes-magas lángon hevíts fel egy csepp extra szűz olívaolajat.
b) Hozzáadjuk a félbevágott gombát, és egy csipet kóser sóval ízesítjük, amíg aranybarnák és puha nem lesznek. Levesszük a tűzről és félretesszük.

Hólyagos cseresznyeparadicsom:
c) Ugyanabban a serpenyőben öntsünk még egy kis olívaolajat és melegítsük közepes lángon.
d) Hozzáadjuk a koktélparadicsomokat, és addig főzzük, amíg hólyagosodni kezdenek és megpuhulnak. Levesszük a tűzről és félretesszük.

SPENÓT ELKÉSZÍTÉSE:
e) Ugyanabban a serpenyőben adjunk hozzá még egy kis olívaolajat, ha szükséges, és pároljuk rövid ideig a darált fokhagymát, amíg illatos lesz.
f) Hozzáadjuk a csomagolt bébispenótot, és addig főzzük, amíg meg nem fonnyad.
g) Ízesítsük egy csipet sóval.

A TÁL ÖSSZESZERELÉSE:
h) Kezdje azzal, hogy egy tál aljára terítsen egy bőséges humuszt.
i) A hummusz tetejére helyezzük a puhára főtt tojást, a párolt gombát, a hólyagos koktélparadicsomot és a párolt spenótot.
j) Szórjuk meg a Za'atar-t a hozzávalókra.
k) Ha szükséges, adjunk hozzá olajbogyót az extra ízért és díszítsük.

4.Görög avokádó pirítós

UTASÍTÁS:
SAUTÉ GOMBA:
a) Egy serpenyőben közepes-magas lángon hevíts fel egy csepp extra szűz olívaolajat.

b) Hozzáadjuk a félbevágott gombát, és egy csipet kóser sóval ízesítjük, amíg aranybarnák és puha nem lesznek. Levesszük a tűzről és félretesszük.

Hólyagos cseresznyeparadicsom:
c) Ugyanabban a serpenyőben öntsünk még egy kis olívaolajat és melegítsük közepes lángon.

d) Hozzáadjuk a koktélparadicsomokat, és addig főzzük, amíg hólyagosodni kezdenek és megpuhulnak. Levesszük a tűzről és félretesszük.

SPENÓT ELKÉSZÍTÉSE:
e) Ugyanabban a serpenyőben adjunk hozzá még egy kis olívaolajat, ha szükséges, és pároljuk rövid ideig a darált fokhagymát, amíg illatos lesz.

f) Hozzáadjuk a csomagolt bébispenótot, és addig főzzük, amíg meg nem fonnyad.

g) Ízesítsük egy csipet sóval.

A TÁL ÖSSZESZERELÉSE:
h) Kezdje azzal, hogy egy tál aljára terítsen egy bőséges humuszt.

i) A hummusz tetejére helyezzük a puhára főtt tojást, a párolt gombát, a hólyagos koktélparadicsomot és a párolt spenótot.

j) Szórjuk meg a Za'atar-t a hozzávalókra.

k) Ha szükséges, adjunk hozzá olajbogyót az extra ízért és díszítsük.

4.Görög avokádó pirítós

ÖSSZETEVŐK:
- Fél csésze citromlé
- Négy szelet kenyér
- Fél csésze koktélparadicsom
- Fél csésze extra szűz olívaolaj
- Fél csésze morzsolt sajt
- Darált piros chili
- Fél csésze apróra vágott uborka
- Negyed csésze kapor
- Fél csésze Kalamata olajbogyó
- Két csésze apróra vágott avokádó
- Egy csipet só
- Egy csipet fekete bors

UTASÍTÁS:
a) Vegyünk egy nagy tálat.
b) Hozzáadjuk az összes hozzávalót, kivéve a kenyérszeleteket.
c) Keverje össze az összes hozzávalót.
d) Pirítsuk meg a kenyérszeleteket
e) A keveréket a kenyérszeletek tetejére kenjük.

5.Teljes kiőrlésű pirítós avokádóval és tojással

ÖSSZETEVŐK:

- 2 szelet teljes kiőrlésű kenyér
- 1 érett avokádó
- 2 buggyantott vagy tükörtojás
- Só és bors ízlés szerint
- Választható feltét: koktélparadicsom, pirospaprika pehely vagy friss fűszernövények

UTASÍTÁS:

a) A teljes kiőrlésű kenyérszeleteket ropogósra pirítjuk.
b) Az érett avokádót pépesítjük, és a pirított kenyérre kenjük.
c) Minden szelet tetejét megkenjük egy buggyantott vagy tükörtojással.
d) Ízesítsük sóval, borssal és bármilyen tetszőleges feltéttel.
e) Élvezze az avokádós és tojásos pirítóst!

6.Görög rántotta

ÖSSZETEVŐK:
- Két evőkanál olívaolaj
- Két nagy tojás
- Egy érett koktélparadicsom
- Egy csipet só
- Egy csipet fekete bors

UTASÍTÁS:
a) Vegyünk egy nagy serpenyőt.
b) Adjuk hozzá az olívaolajat a serpenyőbe.
c) Adjuk hozzá a paradicsomot és a sót a serpenyőbe.
d) A paradicsomot jól megfőzzük, majd a serpenyőbe beletesszük a fekete borsot.
e) Törjük fel a tojásokat a serpenyőbe.
f) A hozzávalókat jól összedolgozzuk.
g) Ha a tojás elkészült, tálaljuk

7.Görög tükörtojás burgonyával és fetával

ÖSSZETEVŐK:
- Két evőkanál olívaolaj
- Két nagy tojás
- Egy apróra vágott burgonya
- Hatvan gramm feta sajt
- Egy csipet só
- Egy csipet fekete bors

UTASÍTÁS:
a) Vegyünk egy nagy serpenyőt.
b) Adjuk hozzá az olívaolajat a serpenyőbe.
c) Adja hozzá a burgonyát és a sót a serpenyőbe.
d) A burgonyát jól megfőzzük, majd a serpenyőbe beletesszük a fekete borsot.
e) A tojásokat felütjük a serpenyőbe.
f) A tetejére adjuk a morzsolt feta sajtot.
g) A hozzávalókat mindkét oldalról jól megsütjük.
h) Ha a tojás elkészült, tálaljuk

8.Görög szezámmagos kenyérgyűrűk

ÖSSZETEVŐK:

- Két csésze liszt
- Három evőkanál olívaolaj
- Két teáskanál só
- Fél teáskanál élesztő
- Egy teáskanál cukor
- Egy csésze szezámmag
- Egy csésze langyos víz

UTASÍTÁS:

a) Vegyünk egy nagy tálat.
b) Adjuk hozzá a cukrot, az élesztőt és a langyos vizet a tálba.
c) Jól összekeverjük és félretesszük, amíg buborékok nem képződnek.
d) Adjuk hozzá a lisztet és a sót a keverékhez.
e) A tésztát jól összegyúrjuk, és elkezdjük a tésztakeverékből gyűrűs szerkezeteket formálni.
f) A karikák tetejére tegyük a szezámmagot, és tegyük a karikákat egy tepsire.
g) Süssük az edényt körülbelül harminc percig.

9. Görög reggeli Ladenia

ÖSSZETEVŐK:
- Két csésze liszt
- Három evőkanál olívaolaj
- Két teáskanál só
- Fél teáskanál élesztő
- Egy teáskanál cukor
- Egy csésze koktélparadicsom
- Két teáskanál szárított oregánó
- Egy csésze szeletelt hagyma
- Egy csésze langyos víz

UTASÍTÁS:
a) Vegyünk egy nagy tálat.
b) Adjuk hozzá a cukrot, az élesztőt és a langyos vizet a tálba.
c) Jól összekeverjük és félretesszük, amíg buborékok nem képződnek.
d) Adjuk hozzá a lisztet és a sót a keverékhez.
e) Jól összegyúrjuk a tésztát, és a tésztából elkezdünk kerek lapos kenyeret formálni.
f) A kenyér tetejére tesszük a felszeletelt hagymát és a koktélparadicsomot, majd a kenyértésztát tepsire tesszük.
g) Süssük az edényt körülbelül harminc percig.

10.Görög reggeli rizspuding (Rizogalo)

ÖSSZETEVŐK:
- Két csésze teljes tej
- Két csésze vizet
- Négy evőkanál kukoricakeményítő
- Négy evőkanál fehér cukor
- Fél csésze rizs
- Negyed teáskanál fahéjpor

UTASÍTÁS:
a) Vegyünk egy nagy serpenyőt.
b) Adjuk hozzá a vizet és a teljes tejet.
c) Hagyja forrni a folyadékot öt percig.
d) Adjuk hozzá a rizst és a cukrot a tejes keverékhez.
e) Főzzük jól az összes hozzávalót harminc percig, vagy amíg el nem kezd sűrűsödni.
f) Adjuk hozzá a fahéjport a tetejére.
g) Az étel tálalásra kész.

11.Görög reggeli tojásos muffin

ÖSSZETEVŐK:

- Fél csésze szárított paradicsom
- Tíz tojás
- Egy negyed csésze olajbogyó
- Egy csésze morzsolt sajt
- Egy negyed csésze tejszín

UTASÍTÁS:

a) Vegyünk egy nagy tálat.
b) Adja hozzá az összes hozzávalót a tálba.
c) Mindent jól összekeverünk.
d) A tojásos keveréket kivajazott muffinformába öntjük.
e) A muffinokat húsz-harminc percig sütjük.
f) Tálassza ki a muffinokat.
g) Az étel tálalásra kész.

12. Görög reggeli tojásos serpenyő zöldségekkel és fetával

ÖSSZETEVŐK:
- Két evőkanál olívaolaj
- Két nagy tojás
- Egy érett koktélparadicsom
- Két csésze apróra vágott babaspenót
- Egy csésze apróra vágott hagyma
- Egy csésze kaliforniai paprika
- Egy negyed csésze morzsolt feta sajt
- Egy csipet só
- Egy csipet fekete bors

UTASÍTÁS:
a) Vegyünk egy nagy serpenyőt.
b) Adjuk hozzá az olívaolajat a serpenyőbe.
c) Adjuk hozzá a hagymát és a sót a serpenyőbe.
d) A hagymát jól megpirítjuk, majd a serpenyőbe beletesszük a fekete borsot.
e) Adjuk hozzá a babaspenótot és a kaliforniai paprikát a keverékhez.
f) Főzzük jól az összetevőket körülbelül öt percig.
g) A tojásokat felütjük a serpenyőbe.
h) A hozzávalókat jól összefőzzük.
i) Ha a tojás elkészült, tálaljuk.
j) Díszítsük az ételt morzsolt feta sajttal.

13.Görög reggeli Pitas

ÖSSZETEVŐK:

- Két evőkanál olívaolaj
- Két szelet pita kenyér
- Két nagy tojás
- Egy érett koktélparadicsom
- Két csésze apróra vágott babaspenót
- Egy csésze apróra vágott hagyma
- Fél csésze apróra vágott bazsalikom
- Egy csésze kaliforniai paprika
- Egy negyed csésze morzsolt feta sajt
- Egy csipet só
- Egy csipet fekete bors
- Egy csokor apróra vágott koriander

UTASÍTÁS:

a) Vegyünk egy nagy serpenyőt.
b) Adjuk hozzá az olívaolajat a serpenyőbe.
c) Adjuk hozzá a hagymát és a sót a serpenyőbe.
d) A hagymát jól megpirítjuk, majd a serpenyőbe beletesszük a fekete borsot.
e) Adjuk hozzá a babaspenótot és a kaliforniai paprikát a keverékhez.
f) Főzzük jól az összetevőket körülbelül öt percig.
g) A tojásokat felütjük a serpenyőbe.
h) A hozzávalókat jól összefőzzük.
i) Ha a tojás elkészült, tálaljuk.
j) A tojásokat hagyjuk kihűlni, majd adjuk hozzá a morzsolt feta sajtot
k) bele.
l) Jól összekeverni.
m) Melegítsük fel a pita kenyeret.
n) A kenyérbe lyukat vágunk, és beletesszük a megfőtt keveréket.
o) A kenyeret apróra vágott korianderrel díszítjük.

14.Görög joghurtos parfé

ÖSSZETEVŐK:
- 1 csésze görög joghurt
- ½ csésze friss bogyós gyümölcs (pl. áfonya, eper)
- 2 evőkanál méz
- 2 evőkanál apróra vágott dió (pl. mandula vagy dió)
- ¼ csésze granola

UTASÍTÁS:
a) Egy pohárba vagy tálba rétegezzük a görög joghurtot, a friss bogyókat és a mézet.
b) Megszórjuk apróra vágott dióval és granolával.
c) Élvezze a finom görög joghurtos parfét!

15. Mediterrán Omlett

ÖSSZETEVŐK:
- 2 nagy tojás
- ¼ csésze kockára vágott paradicsom
- ¼ csésze kockára vágott kaliforniai paprika
- ¼ csésze kockára vágott vöröshagyma
- 2 evőkanál feta sajt
- 1 evőkanál olívaolaj
- Friss fűszernövények (pl. petrezselyem vagy oregánó)
- Só és bors ízlés szerint

UTASÍTÁS:
a) Melegítsünk olívaolajat egy serpenyőben közepes lángon.
b) A felkockázott zöldségeket puhára pároljuk.
c) A tojásokat verjük fel egy tálban, és öntsük a serpenyőbe.
d) Addig főzzük, amíg a tojások megpuhulnak, majd megszórjuk feta sajttal, fűszernövényekkel, sóval, borssal.
e) Hajtsa félbe az omlettet, és forrón tálalja.

16.Spenótos és fetás reggeli pakolás

ÖSSZETEVŐK:
- 2 nagy tojás
- 1 csésze friss spenótlevél
- 2 evőkanál morzsolt feta sajt
- 1 teljes kiőrlésű tortilla
- 1 evőkanál olívaolaj
- Só és bors ízlés szerint

UTASÍTÁS:

a) Melegítsünk olívaolajat egy serpenyőben közepes lángon.

b) Adjunk hozzá friss spenótleveleket, és főzzük, amíg megfonnyad.

c) Egy tálban felverjük a tojásokat, és a serpenyőben a spenóttal felverjük.

d) A tojásokat megszórjuk a feta sajttal, és addig főzzük, amíg kissé megolvad.

e) Helyezze a tojás-spenót keveréket egy teljes kiőrlésű tortillába, tekerje fel, és tálalja pakolásként.

GÖRÖG NAGYON

17.Görög Tzatziki Dip

ÖSSZETEVŐK:
- Másfél csésze görög joghurt
- Egy evőkanál apróra vágott friss kaprot
- Félbe vágott uborka
- Két evőkanál olívaolaj
- Fél teáskanál só
- Két teáskanál darált fokhagyma
- Egy evőkanál fehér ecet

UTASÍTÁS:
a) Vegyünk egy nagy tálat.
b) Adja hozzá az összes szárított összetevőt a tálba.
c) Jól összekeverjük és tíz percre hűtőbe tesszük.
d) Adja hozzá a nedves hozzávalókat a tálba.
e) Jól összekeverni.

18.Görög rántott sajt

ÖSSZETEVŐK:
- Egy font kemény sajt
- Növényi olaj
- Egy csésze univerzális liszt

UTASÍTÁS:
a) A sajtot szeletekre vágjuk.
b) Mártsuk meg univerzális lisztbe.
c) Vegyünk egy nagy serpenyőt.
d) Adjunk hozzá olajat a serpenyőbe és melegítsük jól.
e) Hozzáadjuk a sajtszeleteket, és aranybarnára sütjük.

19.Görög krumpli

ÖSSZETEVŐK:
- Egy kiló vöröses burgonya
- Növényi olaj
- Egy csésze univerzális liszt
- Egy csésze morzsolt feta sajt
- Egy csésze salsa

UTASÍTÁS:
a) A burgonyát karikákra vágjuk.
b) Mártsuk meg univerzális lisztbe.
c) Vegyünk egy nagy serpenyőt.
d) Adjunk hozzá olajat a serpenyőbe és melegítsük jól.
e) Hozzáadjuk a burgonyarudakat, és aranybarnára sütjük.
f) Tedd ki a krumplit, és tedd rá a salsát és a feta sajtot.

20.Görög Feta Dip

ÖSSZETEVŐK:
- Másfél csésze görög joghurt
- Egy evőkanál apróra vágott friss kaprot
- Félbe vágott feta sajt
- Két evőkanál olívaolaj
- Fél teáskanál só
- Két teáskanál darált fokhagyma
- Egy evőkanál fehér ecet

UTASÍTÁS:
a) Vegyünk egy nagy tálat.
b) Adja hozzá az összes szárított összetevőt a tálba.
c) Jól összekeverjük és tíz percre hűtőbe tesszük.
d) Adja hozzá a nedves hozzávalókat a tálba.
e) Jól összekeverni.

21.Mediterrán gyümölcssaláta

ÖSSZETEVŐK:
- 2 csésze görögdinnye, kockára vágva
- 2 csésze uborka, kockára vágva
- 1 csésze feta sajt, morzsolva
- ¼ csésze friss mentalevél vagy bazsalikom apróra vágva
- 1 evőkanál extra szűz olívaolaj
- 1 evőkanál balzsamecet
- Só és bors ízlés szerint

UTASÍTÁS:
a) Egy nagy tálban keverje össze a görögdinnyét, az uborkát és a fetasajtot.
b) Egy kis tálban keverjük össze az olívaolajat és a balzsamecetet.
c) Az öntetet a salátára öntjük, és óvatosan összeforgatjuk.
d) Megszórjuk apróra vágott mentalevéllel vagy bazsalikommal.
e) Ízlés szerint sózzuk, borsozzuk.
f) Tálalás előtt hűtsük le a hűtőszekrényben 30 percig.

22.Calamari rozmaringgal és chili olajjal

ÖSSZETEVŐK:
- Extra szűz olívaolaj
- 1 csokor friss rozmaring
- 2 egész piros chili, kimagozva és apróra vágva 150 ml tejszín
- 3 tojássárgája
- 2 evőkanál reszelt parmezán sajt
- 2 evőkanál sima liszt
- Só és frissen őrölt fekete bors
- 1 gerezd fokhagyma, meghámozva és összetörve
- 1 teáskanál szárított oregánó
- Növényi olaj rántáshoz
- 6 Tintahal, megtisztítva és karikákra vágva
- Só

UTASÍTÁS:
a) Az öntethez egy kis serpenyőben felforrósítjuk az olívaolajat, és belekeverjük a rozmaringot és a chilit. Vegye ki az egyenletből.

b) Egy nagy keverőtálban keverjük össze a tejszínt, a tojássárgáját, a parmezán sajtot, a lisztet, a fokhagymát és az oregánót. Addig turmixoljuk, amíg a tészta sima nem lesz. Frissen őrölt fekete borssal ízesítjük.

c) Melegítsük elő az olajat 200°C-ra a kisütéshez, vagy addig, amíg egy kocka kenyér 30 másodperc alatt megbarnul.

d) A tintahalkarikákat egyenként mártsuk bele a masszába, és óvatosan helyezzük az olajba. Süssük aranybarnára, körülbelül 2-3 percig.

e) Konyhai papíron lecsepegtetjük, és a tetejére öntött öntettel azonnal tálaljuk. Ha szükséges, sózzuk.

23.Görög padlizsán mártogatós

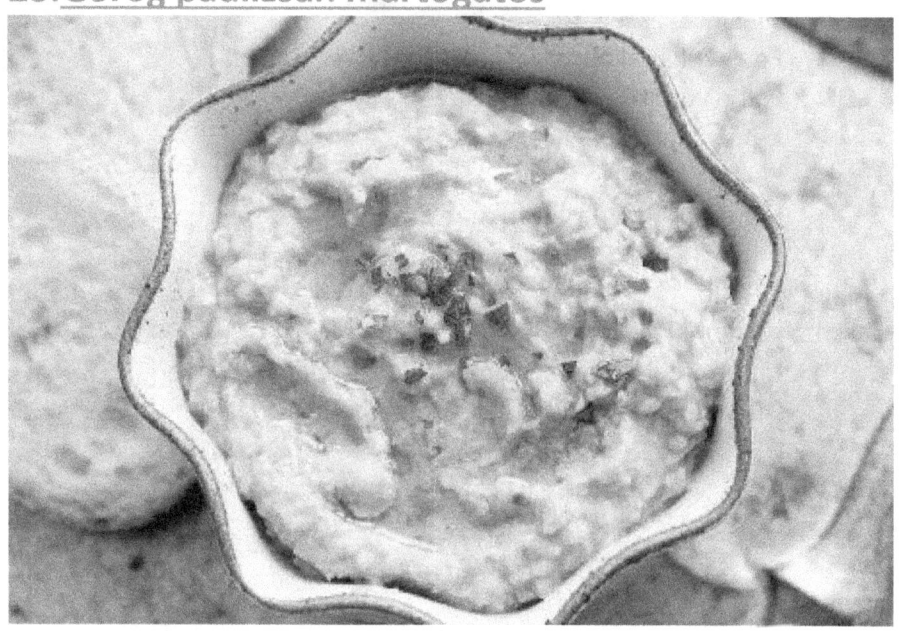

ÖSSZETEVŐK:
- Másfél csésze görög joghurt
- Egy evőkanál apróra vágott friss kaprot
- Félbe vágott sült padlizsán
- Két evőkanál olívaolaj
- Fél teáskanál só
- Két teáskanál darált fokhagyma

UTASÍTÁS:
a) Vegyünk egy nagy tálat.
b) Hozzáadjuk az összes hozzávalót és jól összekeverjük.
c) Díszítsük az edényt friss kaporral.

24.Görög Spanakopita tavaszi tekercs

ÖSSZETEVŐK:
- Egy csomag tavaszi tekercs csomagolóanyag
- Növényi olaj
- **KITÖLTÉSÉHEZ:**
- Egy csésze feta sajt
- Négy tojás
- Fél teáskanál frissen reszelt szerecsendió
- Egy csipet só
- Egy evőkanál olívaolaj
- Egy negyed csésze apróra vágott hagyma
- Egy teáskanál darált fokhagyma
- Egy evőkanál tej
- Fél csésze apróra vágott spenót
- Egy csipet őrölt fekete bors

UTASÍTÁS:
a) Vegyünk egy nagy serpenyőt.
b) Adjuk hozzá az olívaolajat a serpenyőbe.
c) Add hozzá a hagymát és a fokhagymát, amikor az olaj felforrósodik.
d) A hagymát puhára főzzük.
e) Keverjük össze a tojásokat, és adjuk hozzá a felaprított spenótot a serpenyőbe.
f) Addig főzzük a hozzávalókat, amíg a spenót meg nem fonnyad.
g) Adjuk hozzá a feta sajtot, a tejet, a fekete borsot, a sót és a frissen reszelt szerecsendiót.
h) Főzzük az összetevőket körülbelül öt percig.
i) Kapcsolja ki a tűzhelyet, és hagyja kihűlni a keveréket.
j) Adja hozzá a keveréket a tavaszi tekercs csomagolására, és tekerje fel.
k) A tavaszi tekercseket aranybarnára sütjük.
l) Ha kész, tálaljuk ki a spanakopitát.

25. Görög Tortilla Pinwheels

ÖSSZETEVŐK:
- Egy csomag tortilla
- Növényi olaj

KITÖLTÉSÉHEZ:
- Egy csésze feta sajt
- Egy kiló darált marhahús
- Fél teáskanál frissen reszelt szerecsendió
- Egy csipet só
- Egy evőkanál olívaolaj
- Egy negyed csésze apróra vágott hagyma
- Egy teáskanál darált fokhagyma
- Egy evőkanál tej
- Fél csésze apróra vágott spenót
- Egy csipet őrölt fekete bors

UTASÍTÁS:
a) Vegyünk egy nagy serpenyőt.
b) Adjuk hozzá az olívaolajat a serpenyőbe.
c) Add hozzá a hagymát és a fokhagymát, amikor az olaj felforrósodik.
d) A hagymát puhára főzzük.
e) Keverjük össze a marhahúst, és tegyük a serpenyőbe az apróra vágott spenótot.
f) Addig főzzük a hozzávalókat, amíg a spenót meg nem fonnyad.
g) Adjuk hozzá a feta sajtot, a tejet, a fekete borsot, a sót és a frissen reszelt szerecsendiót.
h) Főzzük az összetevőket körülbelül öt percig.
i) Kapcsolja ki a tűzhelyet, és hagyja kihűlni a keveréket.
j) Adja hozzá a keveréket a tortillához, és forgassa meg.
k) Süssük aranybarnára a szélkereket.
l) Hajtsa ki a szélkereket, ha elkészültek.

26. Görög töltött uborka falatok

ÖSSZETEVŐK:
- Egy kiló uborka

KITÖLTÉSÉHEZ:
- Egy csésze feta sajt
- Egy kiló csirke darált
- Fél teáskanál frissen reszelt szerecsendió
- Egy csipet só
- Egy evőkanál olívaolaj
- Egy negyed csésze apróra vágott hagyma
- Egy teáskanál darált fokhagyma
- Egy csipet őrölt fekete bors
- Friss menta

UTASÍTÁS:
a) Vegyünk egy nagy serpenyőt.
b) Adjuk hozzá az olívaolajat a serpenyőbe.
c) Add hozzá a hagymát és a fokhagymát, amikor az olaj felforrósodik.
d) A hagymát puhára főzzük.
e) Keverjük bele a csirkét a serpenyőbe.
f) Adjuk hozzá a feta sajtot, a fekete borsot, a sót és a frissen reszelt szerecsendiót a serpenyőbe.
g) Főzzük az összetevőket körülbelül öt percig.
h) Kapcsolja ki a tűzhelyet, és hagyja kihűlni a keveréket.
i) Adjuk hozzá a keveréket az uborkadarabokhoz.
j) Díszítsük az edényt apróra vágott mentalevéllel.

27.C ropogós fűszeres burgonya

ÖSSZETEVŐK:

- 3 evőkanál olívaolaj
- 4 rusztikus burgonya, meghámozva, felkockázva
- 2 evőkanál apróra vágott hagyma
- 2 gerezd fokhagyma, felaprítva
- Só és frissen őrölt fekete bors
- 1 1/2 evőkanál spanyol paprika
- 1/4 teáskanál Tabasco szósz
- 1/4 teáskanál őrölt kakukkfű
- 1/2 csésze ketchup
- 1/2 csésze majonéz
- Apróra vágott petrezselyem, díszítéshez
- 1 csésze olívaolaj, sütéshez

UTASÍTÁS:
A BRAVA SZÓSZ:
a) Egy serpenyőben közepes lángon hevíts fel 3 evőkanál olívaolajat. A hagymát és a fokhagymát addig pároljuk, amíg a hagyma megpuhul.
b) Vegyük le a serpenyőt a tűzről, és keverjük bele a paprikát, a Tabasco szószt és a kakukkfüvet.
c) Egy keverőtálban keverjük össze a ketchupot és a majonézt.
d) Ízlés szerint sózzuk, borsozzuk. Vegye ki az egyenletből.

A BURGONYÁK:
e) A burgonyát enyhén fűszerezzük sóval és fekete borssal.
f) A burgonyát 1 csésze (8 fl. oz.) olívaolajon egy nagy serpenyőben aranybarnára sütjük, és időnként megforgatva főzzük.
g) A burgonyát papírtörlőn lecsepegtetjük, megkóstoljuk, és ha szükséges még sózzuk.
h) Ahhoz, hogy a burgonya ropogós maradjon, közvetlenül tálalás előtt keverje össze a szósszal.
i) Melegen, apróra vágott petrezselyemmel díszítve tálaljuk.

28. Görög saláta Cracker

ÖSSZETEVŐK:
AZ ÖLTÖZÉSHEZ:
- Fél teáskanál kóser só
- Két teáskanál frissen őrölt fekete bors
- Egy negyed csésze vörösborecet
- Fél csésze olívaolaj
- Két evőkanál darált fokhagyma
- Két teáskanál friss oregánó
- Fél teáskanál szárított oregánó

SALÁTÁHOZ:
- Egy csésze feta sajt
- Fél kiló ropogóskenyér szelet
- Fél teáskanál darált fokhagyma
- Két evőkanál olívaolaj
- Fél csésze Kalamata olajbogyó
- Egy csésze piros-narancs kaliforniai paprika
- Egy csésze angol uborka
- Egy csésze koktélparadicsom

UTASÍTÁS:
a) Vegyünk egy kis tálat. Adjuk hozzá az olívaolajat és a zúzott fokhagymát.
b) Keverjük hozzá a kenyérszeleteket.
c) Tíz percig sütjük a szeleteket.
d) A kenyérszeleteket tálaljuk ki, ha elkészültek.
e) Vegyünk egy nagy tálat. Adja hozzá az angol uborkát, a Kalamata olajbogyót, a piros-narancs kaliforniai paprikát, a koktélparadicsomot és a feta sajtot.
f) Az egészet jól összekeverjük és félretesszük.
g) Vegyünk egy kis tálat.
h) Adjuk hozzá az olívaolajat, a vörösborecetet, a kóser sót, a darált fokhagymát, a frissen tört fekete borsot, a friss oregánót és a szárított oregánót.
i) Mindent jól összekeverünk.
j) Ezt az öntetet az elkészített salátára öntjük.
k) Az egészet jól összekeverjük, és a pirított kenyérszeletek tetejére tesszük.

29. Görög Pita kenyérfalatok

ÖSSZETEVŐK:
- Egy kilós pita kenyér falatok
- Növényi olaj
- Egy csésze univerzális liszt
- Egy csésze morzsolt feta sajt
- Egy csésze salsa

UTASÍTÁS:
a) Vágja a pita kenyeret falatnyi darabokra.
b) Mártsuk meg univerzális lisztbe.
c) Vegyünk egy nagy serpenyőt.
d) Adjunk hozzá olajat a serpenyőbe és melegítsük jól.
e) Adjuk hozzá a pita kenyeret, és süssük aranybarnára.
f) Tálassza ki a kenyeret, és tegye a tetejére a salsát és a feta sajtot.

30.Görög cukkini golyó (Kolokithokeftedes)

ÖSSZETEVŐK:

- Egy apróra vágott vöröshagyma
- Két gerezd darált fokhagyma
- Egy csipet só
- Egy csipet fekete bors
- Fél csésze mentalevél
- Két csésze reszelt cukkini
- Fél teáskanál oregánó
- Egy tojás
- Két evőkanál olívaolaj
- Egy csésze görög joghurt

UTASÍTÁS:

a) Vegyünk egy nagy tálat.
b) Adja hozzá a reszelt cukkinit, a fűszereket, a mentát, a hagymát, a fokhagymát és a tojást a tálba.
c) Az összes hozzávalót jól összekeverjük és kerek golyós szerkezeteket formázunk.
d) A cukkini golyókat olívaolajon aranybarnára sütjük.
e) Tedd ki a golyókat.
f) A cukkinigolyókat görög joghurttal az oldalára tálaljuk.

31. Baklava Energy Bites

ÖSSZETEVŐK:
- 1 csésze apróra vágott dió (pl. dió, mandula)
- ¼ csésze hengerelt zab
- 2 evőkanál méz
- ½ teáskanál őrölt fahéj
- ¼ teáskanál őrölt szegfűszeg
- ¼ teáskanál vanília kivonat
- 1 evőkanál finomra vágott szárított sárgabarack (elhagyható)

UTASÍTÁS:
a) Aprítógépben keverjük össze a darált diót és a hengerelt zabot. Impulzussal finomra őrölni.
b) Adjunk hozzá mézet, fahéjat, szegfűszeget és vaníliakivonatot. Addig keverjük, amíg a keverék össze nem tapad.
c) Ízlés szerint keverjük hozzá az apróra vágott aszalt sárgabarackot.
d) A keverékből falatnyi golyókat formázunk.
e) Tálalás előtt hűtsük le a hűtőszekrényben körülbelül 30 percig.

32.S garnélarák gambas

ÖSSZETEVŐK:
- 1/2 csésze olívaolaj
- 1 citrom leve
- 2 teáskanál tengeri só
- 24 közepes-nagy garnélarák, héjában, ép fejjel

UTASÍTÁS:

a) Egy keverőtálban keverjük össze az olívaolajat, a citromlevet és a sót, majd keverjük össze alaposan. A garnélarák enyhén bevonásához mártsa be őket néhány másodpercre a keverékbe.

b) Száraz serpenyőben erős lángon hevítsük fel az olajat. Tételekben dolgozva, egy rétegben adjuk hozzá a garnélarákot anélkül, hogy zsúfolnánk a serpenyőt, amikor nagyon forró. 1 perc pirítás

c) Csökkentse a hőt közepesre, és főzzük további percig. Növelje a hőt magasra, és pirítsa a garnélarákot további 2 percig, vagy amíg aranybarna nem lesz.

d) A garnélarákot alacsony hőmérsékletű sütőben, tűzálló tányéron melegen tartjuk.

e) A maradék garnélarákot ugyanilyen módon főzzük meg.

33.Mediterrán ihletésű ösvénykeverék

ÖSSZETEVŐK:

- 1 csésze nyers mandula
- 1 csésze nyers kesudió
- 1 csésze sózatlan pisztácia
- ½ csésze szárított sárgabarack, apróra vágva
- ½ csésze szárított füge, apróra vágva
- ¼ csésze arany mazsola
- ¼ csésze szárított paradicsom, apróra vágva
- 1 evőkanál olívaolaj
- ½ teáskanál őrölt kömény
- ½ teáskanál paprika
- ¼ teáskanál tengeri só
- ¼ teáskanál fekete bors

UTASÍTÁS:

a) Melegítsd elő a sütőt 163°C-ra (325°F).
b) Egy nagy tálban keverjük össze a mandulát, a kesudiót és a pisztáciát.
c) Egy kis tálban keverjük össze az olívaolajat, az őrölt köményt, a paprikát, a tengeri sót és a fekete borsot.
d) Csorgassuk a fűszerkeveréket a diófélékre, és dobjuk rá, hogy egyenletesen bevonják.
e) A fűszerezett diót egy tepsire terítjük egy rétegben.
f) A diót előmelegített sütőben 10-15 percig pirítjuk, vagy amíg enyhén meg nem pirulnak. Ügyeljen arra, hogy időnként megkeverje őket, hogy egyenletesen süljön.
g) Ha a dió megpirult, vegye ki a sütőből, és hagyja teljesen kihűlni.
h) Egy nagy keverőtálban keverje össze a pörkölt diót az apróra vágott szárított sárgabarackkal, fügével, arany mazsolával és szárított paradicsommal.
i) Keverje össze mindent a mediterrán ösvénykeverék létrehozásához.
j) Tárolja az ösvénykeveréket légmentesen záródó edényben, hogy útközben nassolhasson.

34.Datolya és pisztácia falatok

ÖSSZETEVŐK:
- 12 Medjool datolya, kimagozott
- ½ csésze héjas pisztácia
- 2 evőkanál krémsajt vagy kecskesajt
- 1 teáskanál méz
- ½ teáskanál őrölt kömény
- ¼ teáskanál őrölt paprika
- Só és fekete bors ízlés szerint
- Friss petrezselyemlevél a díszítéshez (elhagyható)

UTASÍTÁS:

a) Egy konyhai robotgépben pörgesse fel a héjas pisztáciát, amíg finomra nem vágja. Tedd őket egy sekély tálba, és tedd félre.

b) Ugyanabban a robotgépben keverje össze a krémsajtot (vagy kecskesajtot), a mézet, az őrölt köményt, az őrölt paprikát, a sót és a fekete borsot. Addig keverjük, amíg a keverék sima és jól össze nem áll.

c) Óvatosan nyissa ki az egyes kimagozott dátumokat, hogy létrehozzon egy kis zsebet.

d) Vegyünk körülbelül 1 teáskanál sajtkeveréket, és töltsük meg minden datolyával, töltsük meg a zsebet.

e) A datolyák megtöltése után forgassuk meg az apróra vágott pisztáciában, ügyelve arra, hogy a pisztácia tapadjon a sajtos keverékhez.

f) A töltött és bevont datolyát tálalótálra tesszük.

g) Kívánt esetben díszítse friss petrezselyemlevéllel, hogy egy csipetnyi zöldet kapjon.

h) A sós datolya- és pisztácia falatokat azonnal tálaljuk, vagy tároljuk a hűtőszekrényben, amíg készen nem állunk fogyasztani.

35.Padlizsán mézzel

ÖSSZETEVŐK:

- 3 evőkanál méz
- 3 padlizsán
- 2 csésze tej
- 1 evőkanál só
- 1 evőkanál bors
- 100 g liszt
- 4 evőkanál olívaolaj

UTASÍTÁS:

a) A padlizsánt vékonyan felszeleteljük.

b) Egy keverőedényben keverjük össze a padlizsánokat. Öntsön annyi tejet a medencébe, hogy teljesen ellepje a padlizsánt. Ízesítsük egy csipet sóval.

c) Hagyja legalább egy órát ázni.

d) Vegyük ki a padlizsánt a tejből, és tegyük félre. Liszt segítségével minden szeletet bekenünk. Só-bors keverékkel bevonjuk.

e) Egy serpenyőben hevítsük fel az olívaolajat. A padlizsánszeleteket 180 C fokon megsütjük.

f) A sült padlizsánt papírtörlőre tesszük, hogy felszívja a felesleges olajat.

g) A padlizsánt meglocsoljuk mézzel.

h) Szolgál.

GÖRÖG EBÉD

36. Görög klasszikus citromburgonya

ÖSSZETEVŐK:

- Egy csésze hagyma
- Egy csésze zöldségleves
- Fél teáskanál füstölt paprika
- Két evőkanál dijoni mustár
- Két teáskanál fehér cukor
- Két evőkanál olívaolaj
- Két csésze paradicsompüré
- Egy evőkanál szárított rozmaring
- Egy csipet só
- Egy csipet fekete bors
- Egy teáskanál szárított kakukkfű
- Egy kiló karfiol rózsa
- Két evőkanál darált fokhagyma
- Fél csésze száraz fehérbor
- Fél csésze citromlé
- Fél csésze koriander

UTASÍTÁS:

a) Vegyünk egy nagy serpenyőt.
b) Adjuk hozzá az olívaolajat és a hagyma szeleteket.
c) A hagymaszeleteket megpirítjuk, majd kiszaggatjuk.
d) Adja hozzá a fokhagymát, a burgonyadarabokat, a citromlevet és a fűszereket a serpenyőbe.
e) Öt-tíz percig főzzük a burgonyadarabokat a fűszerekben.
f) Adjuk hozzá a többi hozzávalót a keverékhez.
g) Főzzük a keveréket, amíg el nem kezd forrni.
h) Csökkentse a hőt, és fedje le a serpenyőt fedéllel.
i) Tíz perc elteltével vegye le a fedelet.
j) Ellenőrizze a burgonyát, mielőtt kivenné őket.
k) Tálalás előtt morzsoljuk rá a főtt hagymaszeleteket.

37.Görögsaláta

ÖSSZETEVŐK:
AZ ÖLTÖZÉSHEZ:
- Fél teáskanál kóser só
- Két teáskanál frissen őrölt fekete bors
- Egy negyed csésze vörösborecet
- Fél csésze olívaolaj
- Két evőkanál darált fokhagyma
- Két teáskanál friss oregánó
- Fél teáskanál szárított oregánó

SALÁTÁHOZ:
- Egy csésze feta sajt
- Fél csésze parmezán sajt
- Fél kiló kenyérszelet
- Fél teáskanál darált fokhagyma
- Két evőkanál olívaolaj
- Fél csésze Kalamata olajbogyó
- Egy csésze piros-narancs kaliforniai paprika
- Egy csésze angol uborka
- Egy csésze koktélparadicsom

UTASÍTÁS:
a) Vegyünk egy kis tálat.
b) Adjuk hozzá az olívaolajat és a zúzott fokhagymát.
c) Jól összedolgozzuk, és a kenyérszeletekre kenjük.
d) Adjuk hozzá a parmezán sajtot a szeletek tetejére.
e) Tíz percig sütjük a szeleteket.
f) A kenyérszeleteket tálaljuk ki, ha elkészültek.
g) Vegyünk egy nagy tálat.
h) Adja hozzá az angol uborkát, a Kalamata olajbogyót, a pirosnarancs kaliforniai paprikát, a koktélparadicsomot és a feta sajtot.
i) Az egészet jól összekeverjük és félretesszük.
j) Vegyünk egy kis tálat.
k) Adjuk hozzá az olívaolajat, a vörösborecetet, a kóser sót, a darált fokhagymát, a frissen tört fekete borsot, a friss oregánót és a szárított oregánót.
l) Mindent jól összekeverünk.
m) Ezt az öntetet az elkészített salátára öntjük.
n) Az egészet jól összekeverjük, és az oldalára tesszük a pirított kenyérszeleteket.

38.Görög csirke Gyros

ÖSSZETEVŐK:
- Négy laposkenyér
- Fél csésze zöldségleves
- Egy negyed csésze citromlé
- Egy csésze tzatziki szósz
- Fél csésze szeletelt vöröshagyma
- Fél csésze szeletelt paradicsom
- Fél csésze római saláta
- Egy evőkanál darált fokhagyma
- Egy csésze paradicsompüré
- Két evőkanál olívaolaj
- Egy evőkanál fokhagymapor
- Egy evőkanál szárított kakukkfű
- Fél teáskanál őrölt fahéj
- Két evőkanál chili por
- Egy negyed teáskanál friss szerecsendió
- Egy csipet tengeri só
- Két csésze csirkedarab

UTASÍTÁS:
a) Vegyünk egy nagy serpenyőt.
b) Adjuk hozzá az olívaolajat és a fokhagymát a serpenyőbe.
c) Adjuk hozzá az oregánót, a paradicsompürét, a füstölt paprikát, a szerecsendiót, a chiliport, a kakukkfüvet és a sót.
d) Adjuk hozzá a zöldséglevest, a citromlevet és a csirkedarabokat a serpenyőbe.
e) Főzzük jól az összetevőket körülbelül tizenöt percig.
f) Süssük a lepénykenyéreket körülbelül két-három percig.
g) Közben vágjuk fel a lapos kenyereket, hogy tasakos szerkezetet kapjunk.
h) A megfőtt keveréket a laposkenyérhez adjuk, és kibéleljük tzatziki szósszal, római salátával, szeletelt paradicsommal és lilahagymával.

39.Görög húsgombóc

ÖSSZETEVŐK:
- Egy apróra vágott vöröshagyma
- Két gerezd darált fokhagyma
- Egy csipet só
- Egy csipet fekete bors
- Fél csésze mentalevél
- Két csésze darált marhahús
- Fél teáskanál oregánó
- Egy tojás
- Két evőkanál olívaolaj
- Egy csésze görög joghurt

UTASÍTÁS:
a) Vegyünk egy nagy tálat.
b) Adja hozzá a darált marhahúst, a fűszereket, a mentát, a hagymát, a fokhagymát és a tojást a tálba.
c) Az összes hozzávalót jól összekeverjük és kerek golyós szerkezeteket formázunk.
d) A húsgombócokat olívaolajon aranybarnára sütjük.
e) Tedd ki a húsgombócokat.
f) A húsgombócokat köretére görög joghurttal tálaljuk.

40.Görög töltött paprika

ÖSSZETEVŐK:
- Fél csésze főtt rizs
- Egy csésze paradicsompüré
- Két evőkanál sótlan vaj
- Három evőkanál kristálycukor
- Fél csésze apróra vágott sárgarépa
- Egy teáskanál darált gyömbér
- Két csésze vegyes sajt
- Apróra vágott friss petrezselyem
- Két evőkanál olívaolaj
- Egy kiló zöld kaliforniai paprika
- Két csésze paradicsom
- Egy csipet só
- Egy csipet fekete bors
- Két csésze apróra vágott burgonya
- Egy csésze apróra vágott vöröshagyma
- Egy evőkanál darált fokhagyma
- Fél csésze apróra vágott cukkini

UTASÍTÁS:
a) Vegyünk egy nagy serpenyőt.
b) Adjuk hozzá a vajat és az apróra vágott hagymát a serpenyőbe.
c) A hagymát puhára főzzük.
d) Adjuk hozzá a fokhagymát és a gyömbért, valamint az apróra vágott cukkinit, az apróra vágott burgonyát, a paradicsomot, a paradicsompürét és az apróra vágott sárgarépát.
e) Körülbelül tíz percig főzzük jól a zöldségeket.
f) Adjuk hozzá a kristálycukrot, a főtt rizst, sózzuk és borsozzuk.
g) Az egészet jól összekeverjük és kifőzzük.
h) Tisztítsuk meg a kaliforniai paprikát belülről, és adjuk hozzá a főtt keveréket.
i) A tetejére adjuk az összekevert sajtot, és a kaliforniai paprikát kivajazott tepsire helyezzük.
j) Süssük a kaliforniai paprikát, amíg a sajt világos aranybarna nem lesz.
k) Díszítsük a kaliforniai paprikát frissen vágott petrezselyemlevéllel.

41.Görög bableves

ÖSSZETEVŐK:
- Fél csésze apróra vágott friss kakukkfű
- Fél csésze apróra vágott friss oregánó
- Fél csésze apróra vágott friss metélőhagyma
- Egy teáskanál kevert fűszerpor
- Fél teáskanál füstölt paprika
- Egy babérlevél
- Egy csipet só
- Egy csipet fekete bors
- Két evőkanál olívaolaj
- Egy kiló bab
- Fél evőkanál apróra vágott fokhagyma
- Két csésze apróra vágott paradicsom
- Egy csésze apróra vágott hagyma
- Egy csésze apróra vágott petrezselyem
- Egy csésze zöldségalaplé
- Egy csésze vizet

UTASÍTÁS:
a) Vegyünk egy nagy serpenyőt.
b) Hozzáadjuk az apróra vágott hagymát és az olívaolajat.
c) A hozzávalókat jól összekeverjük.
d) Adjuk hozzá az apróra vágott fokhagymát a serpenyőbe.
e) Adjuk hozzá a paradicsomot, az oregánót, a babérlevelet, a sót, a fekete borsot, a kakukkfüvet, a füstölt paprikát, keverjük hozzá a fűszerport és a metélőhagymát a serpenyőbe.
f) A hozzávalókat jól összefőzzük.
g) Adja hozzá a babot a keverékhez.
h) Öntsük a serpenyőbe a zöldséglevet és a vizet.
i) A levest jól összekeverjük.
j) Helyezzen fedőt a serpenyő tetejére.
k) Főzzük a levest tíz-tizenöt percig.
l) Ha a bab elkészült, tálaljuk ki a levest.
m) A tetejét apróra vágott petrezselyemmel díszítjük.

42.Görög sült zöldbab

ÖSSZETEVŐK:

- Egy csipet só
- Egy csipet fekete bors
- Négy csésze kockára vágott zöldbab
- Egy csésze apróra vágott hagyma
- Fél evőkanál apróra vágott fokhagyma,
- Három evőkanál olívaolaj
- Két evőkanál kristálycukor
- Két evőkanál apróra vágott petrezselyem
- Egy evőkanál füstölt paprika
- Két evőkanál friss oregánó
- Két evőkanál friss kakukkfű
- Fél csésze zöldségalaplé
- Egy csésze apróra vágott paradicsom

UTASÍTÁS:

a) Vegyünk egy nagy serpenyőt.
b) Adjuk hozzá az apróra vágott hagymát és az olívaolajat.
c) A hozzávalókat jól összekeverjük.
d) Adjuk hozzá az apróra vágott fokhagymát a serpenyőbe.
e) Tegye a serpenyőbe a paradicsomot, az oregánót, a sót, a fekete borsot, a kristálycukrot, a kakukkfüvet és a füstölt paprikát.
f) A hozzávalókat jól összefőzzük.
g) Adjuk hozzá a kockára vágott zöldbabot a keverékhez.
h) Adjuk hozzá a zöldséglevet a serpenyőbe.
i) A hozzávalókat jól összekeverjük.
j) Helyezzen fedőt a serpenyő tetejére.
k) Főzzük a zöldbabot tíz-tizenöt percig.
l) Ha a zöldbab elkészült, tálalja ki az ételt.
m) A tetejét apróra vágott petrezselyemmel díszítjük.

43.Görög lencseleves

ÖSSZETEVŐK:

- Egy csipet só
- Egy csipet fekete bors
- Két evőkanál olívaolaj
- Egy kiló vegyes lencse
- Fél evőkanál apróra vágott fokhagyma
- Két csésze apróra vágott paradicsom
- Fél csésze apróra vágott friss kakukkfű
- Fél csésze apróra vágott friss oregánó
- Fél csésze apróra vágott friss metélőhagyma
- Egy teáskanál kevert fűszerpor
- Fél teáskanál füstölt paprika
- Egy babérlevél
- Egy csésze apróra vágott hagyma
- Egy csésze apróra vágott petrezselyem
- Egy csésze zöldségalaplé
- Egy csésze vizet

UTASÍTÁS:

a) Vegyünk egy nagy serpenyőt.
b) Hozzáadjuk az apróra vágott hagymát és az olívaolajat.
c) A hozzávalókat jól összekeverjük.
d) Adjuk hozzá az apróra vágott fokhagymát a serpenyőbe.
e) Adjuk hozzá a paradicsomot, az oregánót, a babérlevelet, a sót, a fekete borsot, a kakukkfüvet, a füstölt paprikát, keverjük hozzá a fűszerport és a metélőhagymát a serpenyőbe.
f) A hozzávalókat jól összefőzzük.
g) Adjuk hozzá a lencsét a keverékhez.
h) Öntsük a serpenyőbe a zöldséglevet és a vizet.
i) 9. A levest jól összekeverjük.
j) Helyezzen fedőt a serpenyő tetejére.
k) Főzzük a levest tíz-tizenöt percig.
l) Ha elkészült a lencse, kiöntjük a levest.
m) A tetejét apróra vágott petrezselyemmel díszítjük.

44. Görög csicseriborsó leves

ÖSSZETEVŐK:

- Egy csésze apróra vágott hagyma
- Egy csésze apróra vágott petrezselyem
- Egy csésze zöldségalaplé
- Egy csésze vizet
- Egy csipet só
- Egy csipet fekete bors
- Két evőkanál olívaolaj
- Egy kiló csicseriborsó
- Fél evőkanál apróra vágott fokhagyma
- Két csésze apróra vágott paradicsom
- Fél csésze apróra vágott friss kakukkfű
- Fél csésze apróra vágott friss oregánó
- Fél csésze apróra vágott friss metélőhagyma
- Egy teáskanál kevert fűszerpor
- Fél teáskanál füstölt paprika
- Egy babérlevél

UTASÍTÁS:

a) Vegyünk egy nagy serpenyőt.
b) Hozzáadjuk az apróra vágott hagymát és az olívaolajat.
c) A hozzávalókat jól összekeverjük.
d) Adjuk hozzá az apróra vágott fokhagymát a serpenyőbe.
e) Adjuk hozzá a paradicsomot, az oregánót, a babérlevelet, a sót, a fekete borsot, a kakukkfüvet, a füstölt paprikát, keverjük hozzá a fűszerport és a metélőhagymát a serpenyőbe.
f) A hozzávalókat jól összefőzzük.
g) Adjuk hozzá a csicseriborsót a keverékhez.
h) Öntsük a serpenyőbe a zöldséglevet és a vizet.
i) A levest jól összekeverjük.
j) Helyezzen fedőt a serpenyő tetejére.
k) Főzzük a levest tíz-tizenöt percig.
l) Ha a csicseriborsó elkészült, tálaljuk ki a levest.
m) A tetejét apróra vágott petrezselyemmel díszítjük.

44. Görög csicseriborsó leves

ÖSSZETEVŐK:

- Egy csésze apróra vágott hagyma
- Egy csésze apróra vágott petrezselyem
- Egy csésze zöldségalaplé
- Egy csésze vizet
- Egy csipet só
- Egy csipet fekete bors
- Két evőkanál olívaolaj
- Egy kiló csicseriborsó
- Fél evőkanál apróra vágott fokhagyma
- Két csésze apróra vágott paradicsom
- Fél csésze apróra vágott friss kakukkfű
- Fél csésze apróra vágott friss oregánó
- Fél csésze apróra vágott friss metélőhagyma
- Egy teáskanál kevert fűszerpor
- Fél teáskanál füstölt paprika
- Egy babérlevél

UTASÍTÁS:

a) Vegyünk egy nagy serpenyőt.
b) Hozzáadjuk az apróra vágott hagymát és az olívaolajat.
c) A hozzávalókat jól összekeverjük.
d) Adjuk hozzá az apróra vágott fokhagymát a serpenyőbe.
e) Adjuk hozzá a paradicsomot, az oregánót, a babérlevelet, a sót, a fekete borsot, a kakukkfüvet, a füstölt paprikát, keverjük hozzá a fűszerport és a metélőhagymát a serpenyőbe.
f) A hozzávalókat jól összefőzzük.
g) Adjuk hozzá a csicseriborsót a keverékhez.
h) Öntsük a serpenyőbe a zöldséglevet és a vizet.
i) A levest jól összekeverjük.
j) Helyezzen fedőt a serpenyő tetejére.
k) Főzzük a levest tíz-tizenöt percig.
l) Ha a csicseriborsó elkészült, tálaljuk ki a levest.
m) A tetejét apróra vágott petrezselyemmel díszítjük.

45.görög Souvlaki

ÖSSZETEVŐK:
- Fél evőkanál apróra vágott fokhagyma,
- Három evőkanál olívaolaj
- Két evőkanál kristálycukor
- Két evőkanál apróra vágott petrezselyem
- Egy evőkanál füstölt paprika
- Két evőkanál friss oregánó
- Két evőkanál friss kakukkfű
- Fél csésze apróra vágott friss metélőhagyma
- Egy teáskanál kevert fűszerpor
- Fél teáskanál füstölt paprika
- Egy kiló csirkecomb
- Pita

UTASÍTÁS:
a) Vegyünk egy nagy tálat.
b) Adja hozzá az összes hozzávalót a tálba.
c) A pácot jól összekeverjük.
d) A csirkedarabokat grillserpenyő felett megsütjük.
e) Tálaljuk ki, amikor a csirkedarabok mindkét oldala aranybarnára sült.
f) Tálaljuk a souvlakit pita kenyérrel az oldalára.

46.Görög marha- és padlizsán-lasagna (Moussaka)

ÖSSZETEVŐK:
- Egy evőkanál darált fokhagyma
- Két evőkanál friss apróra vágott kapor
- Egy csésze feta sajt
- Két csésze darált marhahús
- Egy csipet só
- Egy csipet őrölt fekete bors
- Egy csésze padlizsán darab
- Két evőkanál olívaolaj
- Három csésze bébispenót
- Két csésze vöröses burgonya
- Egy csésze apróra vágott hagyma
- Két csésze paradicsomszósz
- Két csésze bésamel szósz

UTASÍTÁS:
a) Vegyünk egy nagy tálat.
b) Adjuk hozzá a padlizsánt, a darált marhahúst, a burgonyát, a babaspenótot egy tálba.
c) Keverjük össze az olívaolajat, a sót és a törött fekete borsot a tálban.
d) Sütőben körülbelül húsz percig sütjük a hozzávalókat.
e) Vegyünk egy nagy serpenyőt.
f) Adjuk hozzá az olívaolajat és a hagymát a serpenyőbe.
g) A hagymát puhára főzzük.
h) Adjuk hozzá a darált fokhagymát a serpenyőbe.
i) A hozzávalókat jól összefőzzük.
j) Adjuk hozzá a feta sajtot, sót és fekete borsot a serpenyőbe.
k) Az összes hozzávalót jól összekeverjük, majd hozzáadjuk az apróra vágott kaprot
l) Pán.
m) Tegye a serpenyőbe a sült marhahúst és a zöldségeket, majd keverje össze
n) minden rendben.
o) Adjuk hozzá a paradicsomszószt és a bésamelszószt a zöldségkeverék tetejére.
p) További tíz percig sütjük.

47. Mediterrán csicseriborsó saláta

ÖSSZETEVŐK:

- 2 doboz (egyenként 15 uncia) csicseriborsó, lecsepegtetve és leöblítve
- 1 csésze koktélparadicsom félbevágva
- 1 uborka, felkockázva
- ½ vöröshagyma, apróra vágva
- ¼ csésze Kalamata olajbogyó, kimagozva és szeletelve
- ¼ csésze feta sajt, morzsolva
- 2 evőkanál extra szűz olívaolaj
- 2 evőkanál vörösbor ecet
- 1 teáskanál szárított oregánó
- Só és bors ízlés szerint

UTASÍTÁS:

a) Egy nagy salátástálban keverje össze a csicseriborsót, a koktélparadicsomot, az uborkát, a lilahagymát és a Kalamata olajbogyót.

b) Egy kis tálban keverjük össze az olívaolajat, a vörösborecetet, a szárított oregánót, a sót és a borsot.

c) Az öntetet a salátára öntjük, és összeforgatjuk.

d) A tetejére morzsolt feta sajtot teszünk.

e) Hűtve tálaljuk és élvezzük!

48.Citromos fűszernövény csirke quinoával és őszibarackkal

ÖSSZETEVŐK:
A CITROMOS GYÓGYNÖVÉNY CSIRKEHOZ:
- 1 kis csirkecomb (3 oz, csont nélkül, bőr nélkül)
- ¼ citrom levében
- ¼ teáskanál paprika
- Só és bors ízlés szerint
- Repce vagy növényi olaj grillezéshez

A KINOÁHOZ ÉS ŐSZASZAKSALÁTÁHOZ:
- 1 csésze főtt quinoa
- 1 nagy őszibarack kimagozva és apróra vágva
- 2 evőkanál friss bazsalikom, tépve
- 10 fél pekándió, apróra vágva
- 1 teáskanál olívaolaj

UTASÍTÁS:
A CITROMOS GYÓGYNÖVÉNY CSIRKEHEZ:

a) Egy kis tálban keverje össze a citromlevet, a paprikát, a sót és a borsot pác készítéséhez.

b) A csirkecombot tegyük visszazárható műanyag zacskóba vagy egy lapos edénybe, és öntsük rá a pácot.

c) Zárja le a zacskót vagy fedje le az edényt, és pácolja be a csirkét a hűtőszekrényben legalább 30 percig, vagy tovább, hogy ízesebb legyen.

d) Melegítsen elő egy grillserpenyőt közepesen magas hőfokon, és kenje meg repcével vagy növényi olajjal.

e) A csirkecombot oldalanként körülbelül 6-7 percig grillezzük, vagy amíg meg nem sül, és grillnyomok láthatók rajta.

f) Vegyük le a csirkét a grillről, és hagyjuk néhány percig pihenni, mielőtt felszeletelnénk.

A KINOÁHOZ ÉS ŐSZASZAKSALÁTÁHOZ:

g) Egy külön tálban keverjük össze a főtt quinoát, az apróra vágott őszibarackot, a tépett friss bazsalikomot és az apróra vágott pekándió felét.

h) Csorgassunk 1 teáskanál olívaolajat a salátára, és óvatosan keverjük össze.

i) Ízlés szerint sózzuk, borsozzuk.

j) Tálaljuk a citromfűvel grillezett csirkét a quinoa és őszibarack saláta mellé.

49.Görög salátacsomagolás

ÖSSZETEVŐK:
- 2 teljes kiőrlésű tortilla
- ¼ csésze római saláta vagy vegyes zöldek
- 1 csésze kockára vágott uborka
- 1 csésze kockára vágott paradicsom
- ½ csésze kockára vágott vöröshagyma
- ¼ csésze morzsolt feta sajt
- ¼ csésze Kalamata olajbogyó, kimagozva és szeletelve
- 2 evőkanál extra szűz olívaolaj
- 2 evőkanál vörösbor ecet
- 1 teáskanál szárított oregánó
- Só és bors ízlés szerint

UTASÍTÁS:
a) Egy tálban keverje össze az uborkát, a paradicsomot, a lilahagymát, a feta sajtot és a Kalamata olajbogyót.

b) Egy kis tálban keverjük össze az olívaolajat, a vörösborecetet, a szárított oregánót, a sót és a borsot.

c) Az öntetet a salátára öntjük, és összeforgatjuk.

d) Melegítse fel a teljes kiőrlésű tortillákat serpenyőben vagy mikrohullámú sütőben.

e) A salátát rétegezd a tortillák tetejére.

f) A salátakeveréket kanalazzuk a tortillákra, hajtsuk be az oldalát, és tekerjük fel, mint egy pakolást.

g) Félbevágjuk és tálaljuk.

50.Mediterrán Quinoa saláta

ÖSSZETEVŐK:

- 1 csésze quinoa
- 2 csésze víz
- 1 csésze koktélparadicsom félbevágva
- 1 uborka, felkockázva
- ½ piros kaliforniai paprika, kockára vágva
- ¼ csésze vöröshagyma, apróra vágva
- ¼ csésze friss petrezselyem, apróra vágva
- ¼ csésze feta sajt, morzsolva
- 2 evőkanál extra szűz olívaolaj
- 2 evőkanál citromlé
- 1 teáskanál szárított oregánó
- Só és bors ízlés szerint

UTASÍTÁS:

a) Öblítse le a quinoát hideg víz alatt.

b) Egy serpenyőben keverjük össze a quinoát és a vizet, forraljuk fel, majd lassú tűzön pároljuk. Fedjük le és főzzük körülbelül 15 percig, vagy amíg a víz felszívódik.

c) Egy nagy tálban keverjük össze a főtt quinoát, a koktélparadicsomot, az uborkát, a piros kaliforniai paprikát, a lilahagymát és a friss petrezselymet.

d) Egy kis tálban keverjük össze az olívaolajat, a citromlevet, a szárított oregánót, a sót és a borsot.

e) Az öntetet a salátára öntjük, és összeforgatjuk.

f) A tetejére morzsolt feta sajtot teszünk.

g) Hűtve tálaljuk és élvezzük!

51. Mediterrán tonhal és fehérbab saláta

ÖSSZETEVŐK:
- 1 doboz (6 uncia) tonhal vízben, lecsepegtetve
- 1 doboz (15 uncia) fehér bab, lecsepegtetve és leöblítve
- ½ csésze koktélparadicsom félbevágva
- ¼ csésze vöröshagyma, apróra vágva
- 2 evőkanál friss bazsalikom apróra vágva
- 2 evőkanál extra szűz olívaolaj
- 1 evőkanál vörösbor ecet
- 1 gerezd fokhagyma, felaprítva
- Só és bors ízlés szerint

UTASÍTÁS:
a) Egy tálban keverjük össze a lecsepegtetett tonhalat, a fehér babot, a koktélparadicsomot, a lilahagymát és a friss bazsalikomot.

b) Egy kis tálban keverjük össze az olívaolajat, a vörösborecetet, a darált fokhagymát, a sót és a borsot.

c) Az öntetet a salátára öntjük, és összeforgatjuk.

d) Tálalja ezt a mediterrán tonhalból és fehérbabból készült salátát finom és fehérjedús ebédként.

52.Tintahal és rizs

ÖSSZETEVŐK:

- 6 oz. tenger gyümölcsei (tetszés szerint)
- 3 gerezd fokhagyma
- 1 közepes méretű hagyma (szeletekre vágva)
- 3 evőkanál olívaolaj
- 1 zöldpaprika (szeletekre vágva)
- 1 evőkanál tintahal tinta
- 1 csokor petrezselyem
- 2 evőkanál paprika
- 550 gramm tintahal (tisztított)
- 1 evőkanál só
- 2 zeller (kockára vágva)
- 1 friss babérlevél
- 2 közepes méretű paradicsom (reszelve)
- 300 g calasparra rizs
- 125 ml fehérbor
- 2 csésze hallé
- 1 citrom

UTASÍTÁS:

a) Egy serpenyőbe öntsünk olívaolajat. Keverjük össze a hagymát, a babérlevelet, a borsot és a fokhagymát egy keverőtálban. Hagyjuk pár percig sütni.

b) Dobd bele a tintahalat és a tenger gyümölcseit. Főzzük néhány percig, majd távolítsuk el a tintahalat/tenger gyümölcseit.

c) Egy nagy keverőtálban keverje össze a paprikát, a paradicsomot, a sót, a zellert, a bort és a petrezselymet. Hagyja 5 percig, hogy a zöldségek elkészüljenek.

d) Dobd bele a serpenyőben a leöblített rizst. Keverje össze a hallét és a tintahal tintát egy keverőtálban.

e) Összesen 10 percig főzzük. Keverje össze a tenger gyümölcseit és a tintahalakat egy nagy keverőtálban.

f) Főzzük még 5 percig.

g) Aiolival vagy citrommal tálaljuk.

GÖRÖG VACSORA

53.Görög töltött szőlőlevelek

ÖSSZETEVŐK:

- Fél csésze főtt rizs
- Egy csésze paradicsompüré
- Két evőkanál sótlan vaj
- Három evőkanál kristálycukor
- Két csésze főtt marhahús
- Egy teáskanál darált gyömbér
- Két csésze vegyes sajt
- Apróra vágott friss petrezselyem
- Két evőkanál olívaolaj
- Egy kiló szőlőlevél
- Két csésze paradicsom
- Egy csipet só
- Egy csipet fekete bors
- Egy csésze apróra vágott vöröshagyma
- Egy evőkanál darált fokhagyma

UTASÍTÁS:

a) Vegyünk egy nagy serpenyőt.
b) Adjuk hozzá a vajat és az apróra vágott hagymát a serpenyőbe.
c) A hagymát puhára főzzük.
d) Adjuk hozzá a fokhagymát és a gyömbért, valamint a darált marhahúst, a paradicsomot és a paradicsompürét.
e) Körülbelül tíz percig főzzük jól a marhahúst.
f) Adjuk hozzá a kristálycukrot, a főtt rizst, sózzuk és borsozzuk.
g) Az egészet jól összekeverjük és kifőzzük.
h) Tisztítsuk meg a szőlőleveleket, és adjuk hozzá a főtt keveréket.
i) A szőlőleveleket feltekerjük.
j) A tetejére adjuk a kevert sajtot, majd a szőlőleveleket kivajazott tepsire tesszük.
k) Pároljuk a szőlőleveleket körülbelül tíz-tizenöt percig.
l) A szőlőleveleket frissen vágott petrezselyemlevéllel díszítjük.

54.Görög sült Orzo

ÖSSZETEVŐK:

- Egy csésze nyers orzo
- Két csésze csirkedarab
- Nyolc uncia frissen vágott spenót
- Egy evőkanál friss kapor
- Négy teáskanál olívaolaj
- Egy teáskanál szárított oregánó
- Két gerezd apróra vágott fokhagyma
- Két csésze teljes tej
- Öt uncia szárított paradicsom
- Egy csésze morzsolt feta sajt
- Egy teáskanál citrombors
- Egy teáskanál sót
- Egy teáskanál bors

UTASÍTÁS:

a) Vegyünk egy nagy tálat.
b) Adja hozzá a borsot, a citromborsot, a friss kaprot, a szárított oregánót és a sót a tálba.
c) Az összes hozzávalót jól összekeverjük.
d) Adja hozzá a csirkedarabokat, az orzót, az olívaolajat és a spenótot a tálba.
e) A hozzávalókat jól összedolgozzuk, majd hozzáadjuk az apróra vágott fokhagymát és a többi hozzávalót.
f) Keverje össze a két tál összes hozzávalóját.
g) A keveréket kivajazott tepsibe öntjük.
h) Süssük az orzót huszonöt-harminc percig.
i) Ha kész, tálaljuk ki az orzót.
j) Az étel tálalásra kész.

55.görög Spanakopita

ÖSSZETEVŐK:
TÉSZTÁHOZ:
- Két csésze univerzális liszt
- Két teáskanál finom tengeri só
- Fél csésze sózatlan puha vaj
- Két egész tojás
- Egy negyed csésze jeges víz

KITÖLTÉSÉHEZ:
- Egy csésze feta sajt
- Négy tojás
- Fél teáskanál frissen reszelt szerecsendió
- Egy csipet só
- Egy evőkanál olívaolaj
- Egy negyed csésze apróra vágott hagyma
- Egy teáskanál darált fokhagyma
- Egy evőkanál tej
- Fél csésze apróra vágott spenót
- Egy csipet őrölt fekete bors

UTASÍTÁS:
a) Vegyünk egy nagy tálat.
b) Adjuk hozzá a lisztet és a tengeri sót a tálba.
c) A hozzávalókat jól összedolgozzuk, majd a tálba öntjük a tojást, a vizet és a puha vajat.
d) Az összes hozzávalót jól összekeverjük, hogy tésztát kapjunk.
e) Vegyünk egy nagy serpenyőt.
f) Adjuk hozzá az olívaolajat a serpenyőbe.
g) Add hozzá a hagymát és a fokhagymát, amikor az olaj felforrósodik.
h) A hagymát puhára főzzük.
i) Keverjük össze a tojásokat, és adjuk hozzá a felaprított spenótot a serpenyőbe.
j) Addig főzzük a hozzávalókat, amíg a spenót meg nem fonnyad.
k) Adjuk hozzá a feta sajtot, a tejet, a fekete borsot, a sót és a frissen reszelt szerecsendiót.
l) Főzzük az összetevőket körülbelül öt percig.
m) Kapcsolja ki a tűzhelyet, és hagyja kihűlni a keveréket.
n) A tésztát kinyújtjuk és a felét egy kerek tepsibe fektetjük.
o) Adjuk hozzá a megfőtt keveréket a tésztához, és fedjük be a keveréket a tészta többi részével.
p) Süssük a spanakopitát körülbelül húsz-huszonöt percig.
q) Ha kész, tálaljuk ki a spanakopitát.

56. Görög sajtos pite (Tiropita)

ÖSSZETEVŐK:
- Egy negyed csésze görög feta sajt
- Egy csésze gruyere sajt
- Egy csésze tej
- Négy egész tojás
- Egy negyed csésze Philadelphia sajt
- fél csésze olvasztott vaj
- Egy csomag bio phyllo lepedő
- Egy szál friss kakukkfűlevél
- Két evőkanál szezámmag
- Egy csipet só
- Egy csipetnyi frissen őrölt fekete bors

UTASÍTÁS:
a) Vegyünk egy nagy serpenyőt.
b) Adjuk hozzá a vajat a serpenyőbe, és olvasszuk fel.
c) Adjuk hozzá a szezámmagot, a tojást, sózzuk és borsozzuk a serpenyőbe.
d) A tojásokat jól megfőzzük, majd a serpenyőbe beletesszük a kakukkfüvet.
e) Főzzük az edényt két-három percig, majd szedjük ki.
f) Add hozzá a tejet, a Philadelphia sajtot, a görög feta sajtot és a gruyere sajtot, amikor a keverék kihűlt.
g) Mindent jól összekeverünk.
h) A filolapokat tetszés szerinti formára vágjuk, és a közepébe adjuk a fenti keveréket.
i) Kivajazott tepsire helyezzük a pitéket.
j) Helyezze a tepsit előmelegített sütőbe.
k) Süssük a pitéket körülbelül negyvenöt-ötven percig.
l) Tálassza ki a pitéket, amikor aranybarna színt kapnak.
m) Az étel tálalásra kész.

57.Görög lassan főtt báránygyros

ÖSSZETEVŐK:

- Négy laposkenyér
- Fél csésze zöldségleves
- Egy negyed csésze citromlé
- Egy csésze tzatziki szósz
- Fél csésze szeletelt vöröshagyma
- Fél csésze szeletelt paradicsom
- Fél csésze római saláta
- Egy evőkanál darált fokhagyma
- Egy csésze paradicsompüré
- Két evőkanál olívaolaj
- Egy evőkanál fokhagymapor
- Egy evőkanál szárított kakukkfű
- Fél teáskanál őrölt fahéj
- Két evőkanál chili por
- Egy negyed teáskanál friss szerecsendió
- Egy csipet tengeri só
- Két csésze bárányhús

UTASÍTÁS:

a) Vegyünk egy nagy serpenyőt.
b) Adjuk hozzá az olívaolajat és a fokhagymát a serpenyőbe.
c) Adjuk hozzá az oregánót, a paradicsompürét, a füstölt paprikát, a szerecsendiót, a chiliport, a kakukkfüvet és a sót.
d) Adjuk hozzá a zöldséglevest, a citromlevet és a báránydarabokat a serpenyőbe.
e) Lassítsuk le a tűzhelyet, és főzzük körülbelül harminc percig.
f) Főzzük jól az összetevőket körülbelül tizenöt percig.
g) Süssük a lepénykenyereket körülbelül két-három percig.
h) Közben vágjuk fel a lapos kenyereket, hogy tasakos szerkezetet kapjunk.
i) A megfőtt keveréket a laposkenyérhez adjuk, és kibéleljük tzatziki szósszal, római salátával, szeletelt paradicsommal és lilahagymával.

58. Görög bárány töltött cukkini

ÖSSZETEVŐK:
- Négy evőkanál olívaolaj
- Egy csésze apróra vágott hagyma
- Egy teáskanál fahéj
- Négy apróra vágott fokhagyma
- Egy negyed csésze mazsola
- Hat cukkini
- Két csésze báránydarált
- Egy negyed csésze apróra vágott mazsola
- Két evőkanál fenyőmag
- Egy csésze feta sajt
- Vágott menta levelek

UTASÍTÁS:
a) Vegyünk egy serpenyőt.
b) Adjunk hozzá olajat a serpenyőbe.
c) A menta, a feta sajt és a cukkinik kivételével az összes hozzávalót a serpenyőbe tesszük.
d) A hozzávalókat jól megfőzzük, majd ledaráljuk.
e) A masszát a cukkini tetejére tesszük, és feta sajttal megkenjük.
f) Süssük a cukkinit körülbelül tíz-tizenöt percig.
g) A cukkinit kitálaljuk, és apróra vágott mentalevéllel díszítjük.

59.Görög bárány Kleftiko

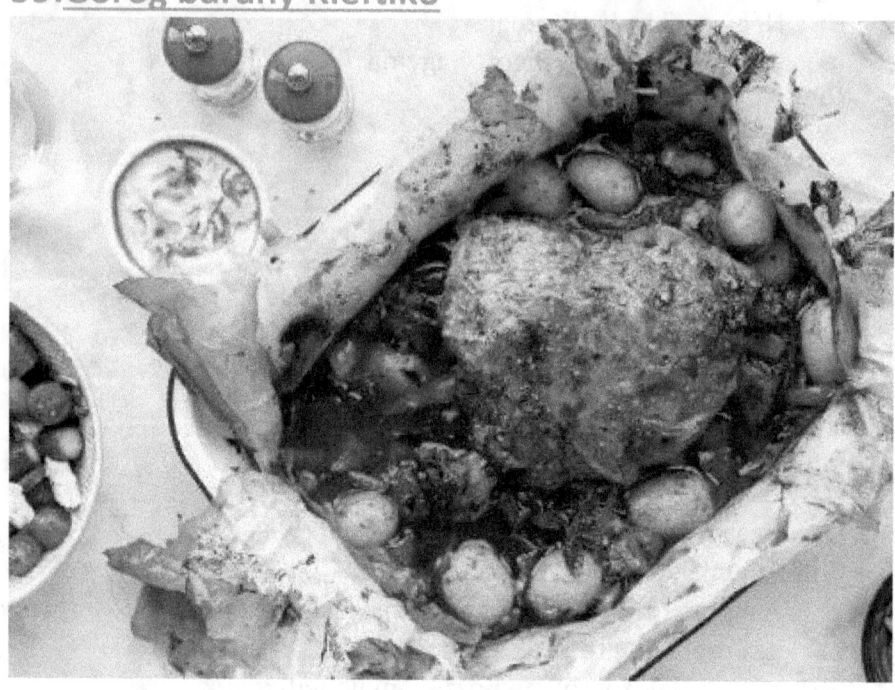

ÖSSZETEVŐK:

- Két csésze bárányhús
- Egy evőkanál friss kapor
- Négy teáskanál olívaolaj
- Egy teáskanál szárított oregánó
- Két gerezd apróra vágott fokhagyma
- Két csésze teljes tej
- Öt uncia szárított paradicsom
- Egy csésze morzsolt feta sajt
- Egy teáskanál citrombors
- Egy teáskanál sót
- Egy teáskanál bors

UTASÍTÁS:

a) Vegyünk egy nagy tálat.
b) Adja hozzá a borsot, a citromborsot, a friss kaprot, a szárított oregánót és a sót a tálba.
c) Az összes hozzávalót jól összekeverjük.
d) Adjuk hozzá a báránydarabokat és az olívaolajat a tálba.
e) A hozzávalókat jól összedolgozzuk, majd hozzáadjuk az apróra vágott fokhagymát és a többi hozzávalót.
f) Keverje össze a két tál összes hozzávalóját.
g) A keveréket kivajazott tepsibe öntjük.
h) Süssük a bárány kleftikót huszonöt-harminc percig.
i) Ha kész, tálaljuk ki a kleftikót.
j) Az étel tálalásra kész.

60. Fűszerezett bárányszelet füstölt padlizsánnal

ÖSSZETEVŐK:

- Két csésze bárányhús
- Egy evőkanál friss kapor
- Négy teáskanál olívaolaj
- Egy teáskanál szárított oregánó
- Két teáskanál kevert fűszer
- Két gerezd apróra vágott fokhagyma
- Két csésze padlizsán
- Egy csésze morzsolt feta sajt
- Egy teáskanál citrombors
- Egy teáskanál sót
- Egy teáskanál bors

UTASÍTÁS:

a) Vegyünk egy nagy tálat.
b) A tálba tesszük a borsot, a padlizsándarabokat, a fűszerkeveréket, a citromborsot, a friss kaprot, a szárított oregánót és a sót.
c) Az összes hozzávalót jól összekeverjük.
d) Adjuk hozzá a báránydarabokat és az olívaolajat a tálba.
e) A hozzávalókat jól összedolgozzuk, majd hozzáadjuk az apróra vágott fokhagymát és a többi hozzávalót.
f) Keverje össze a két tál összes hozzávalóját.
g) A keveréket kivajazott tepsibe öntjük.
h) Grillezzük a bárányt és a padlizsánt huszonöt-harminc percig.
i) Ha kész, tálaljuk ki a bárányt és a padlizsánt.
j) Az étel tálalásra kész.

61.Görög bennszülött és bárány Pasticcio

ÖSSZETEVŐK:
- Egy evőkanál darált fokhagyma
- Két evőkanál friss apróra vágott kapor
- Egy csésze feta sajt
- Két csésze báránydarált
- Egy csipet só
- Egy csipet őrölt fekete bors
- Egy csésze padlizsándarabok
- Két evőkanál olívaolaj
- Három csésze bébispenót
- Két csésze vöröses burgonya
- Egy csésze apróra vágott hagyma
- Két csésze paradicsomszósz
- Két csésze bésamel szósz

UTASÍTÁS:
a) Vegyünk egy nagy tálat.
b) Adjuk hozzá a padlizsánt, a báránydarát, a burgonyát, a babaspenótot egy tálba.
c) Keverjük össze az olívaolajat, a sót és a törött fekete borsot a tálban.
d) Sütőben körülbelül húsz percig sütjük a hozzávalókat.
e) Vegyünk egy nagy serpenyőt.
f) Adjuk hozzá az olívaolajat és a hagymát a serpenyőbe.
g) A hagymát puhára főzzük.
h) Adjuk hozzá a darált fokhagymát a serpenyőbe.
i) A hozzávalókat jól összefőzzük.
j) Adjuk hozzá a feta sajtot, sót és fekete borsot a serpenyőbe.
k) Az összes hozzávalót jól összekeverjük, majd hozzáadjuk az apróra vágott kaprot
l) Pán.
m) Tegye a serpenyőbe a sült bárányt és a zöldségeket, majd keverje össze
n) minden rendben.
o) Adjuk hozzá a paradicsomszószt és a bésamelszószt a zöldségkeverék tetejére.
p) További tíz percig sütjük.

62.Görög zöld saláta pácolt fetával

ÖSSZETEVŐK:
AZ ÖLTÖZÉSHEZ:
- Fél teáskanál kóser só
- Két teáskanál frissen őrölt fekete bors
- Egy negyed csésze vörösborecet
- Fél csésze olívaolaj
- Két evőkanál darált fokhagyma
- Két teáskanál friss oregánó
- Fél teáskanál szárított oregánó

SALÁTÁHOZ:
- Egy csésze pácolt feta sajt
- Fél kiló kenyérszelet
- Fél teáskanál darált fokhagyma
- Két evőkanál olívaolaj
- Fél csésze Kalamata olajbogyó
- Egy csésze piros-narancs kaliforniai paprika
- Egy csésze angol uborka
- Egy csésze koktélparadicsom

UTASÍTÁS:
a) Vegyünk egy kis tálat.
b) Adjuk hozzá az olívaolajat és a zúzott fokhagymát.
c) Jól összedolgozzuk, és a kenyérszeletekre kenjük.
d) A kenyérszeleteket tálaljuk ki, ha elkészültek.
e) Vegyünk egy nagy tálat.
f) Adja hozzá az angol uborkát, a Kalamata olajbogyót, a piros-narancs kaliforniai paprikát, a koktélparadicsomot és a pácolt fetasajtot a tálba.
g) Az egészet jól összekeverjük és félretesszük.
h) Vegyünk egy kis tálat.
i) Adjuk hozzá az olívaolajat, a vörösborecetet, a kóser sót, a darált fokhagymát, a frissen tört fekete borsot, a friss oregánót és a szárított oregánót.
j) Mindent jól összekeverünk.
k) Ezt az öntetet az elkészített salátára öntjük.
l) Az egészet jól összekeverjük, és az oldalára tesszük a pirított kenyérszeleteket.

63.Görög Bárány Pitas

ÖSSZETEVŐK:

- Két evőkanál olívaolaj
- Két szelet pita kenyér
- Két nagy tojás
- Egy érett koktélparadicsom
- Két csésze bárányhús
- Egy csésze apróra vágott hagyma
- Fél csésze apróra vágott bazsalikom
- Egy negyed csésze morzsolt feta sajt
- Egy csipet só
- Egy csipet fekete bors
- Egy csokor apróra vágott koriander

UTASÍTÁS:

a) Vegyünk egy nagy serpenyőt.
b) Adjuk hozzá az olívaolajat a serpenyőbe.
c) Adjuk hozzá a hagymát és a sót a serpenyőbe.
d) A hagymát jól megpirítjuk, majd a serpenyőbe beletesszük a fekete borsot.
e) Adjuk hozzá a báránydarabokat a keverékhez.
f) Adjuk hozzá az apróra vágott bazsalikomot a keverékhez.
g) Főzzük jól az összetevőket körülbelül tizenöt percig.
h) Tálaljuk ki, ha a báránydarabok elkészültek.
i) Hagyjuk kihűlni a húst, majd adjuk hozzá a morzsolt feta sajtot.
j) Jól összekeverni.
k) Melegítsük fel a pita kenyereket.
l) A kenyérbe lyukat vágunk, és beletesszük a megfőtt keveréket.
m) A kenyeret apróra vágott korianderrel díszítjük.

64. Mediterrán sült lazac

ÖSSZETEVŐK:
A SÜLT LAZACHOZ:
- 2 lazac filé (egyenként 6 uncia)
- 2 gerezd fokhagyma, felaprítva
- 2 evőkanál extra szűz olívaolaj
- 1 citrom levében
- 1 teáskanál szárított oregánó
- Só és bors ízlés szerint

A GÖRÖG SALÁTÁHOZ:
- 1 uborka, felkockázva
- 1 csésze koktélparadicsom félbevágva
- ½ vöröshagyma, apróra vágva
- ¼ csésze Kalamata olajbogyó, kimagozva és szeletelve
- ¼ csésze morzsolt feta sajt
- 2 evőkanál extra szűz olívaolaj
- 2 evőkanál vörösbor ecet
- 1 teáskanál szárított oregánó
- Só és bors ízlés szerint

UTASÍTÁS:
A SÜLT LAZACHOZ:
a) Melegítsük elő a sütőt 190 °C-ra (375 °F).
b) Egy kis tálban keverje össze a darált fokhagymát, az extraszűz olívaolajat, a citromlevet, a szárított oregánót, a sót és a borsot.
c) A lazacfiléket sütőpapírral bélelt tepsire helyezzük.
d) Kenjük meg a lazacot a citrom és fokhagyma keverékével.
e) Süssük 15-20 percig, vagy amíg a lazac villával könnyen fel nem lobban.

A GÖRÖG SALÁTÁHOZ:
f) Egy nagy salátástálban keverjük össze a felkockázott uborkát, a koktélparadicsomot, a lilahagymát, a Kalamata olajbogyót és a morzsolt feta sajtot.
g) Egy kis tálban keverjük össze az extraszűz olívaolajat, a vörösborecetet, a szárított oregánót, a sót és a borsot.
h) Az öntetet a salátára öntjük, és összeforgatjuk.
i) Tálaljuk a sült lazacot a görög saláta mellé.

65. Mediterrán Quinoa töltött kaliforniai paprika

ÖSSZETEVŐK:
- 4 nagy kaliforniai paprika (bármilyen színű)
- 1 csésze quinoa
- 2 csésze víz
- 1 doboz (15 uncia) csicseriborsó, lecsepegtetve és leöblítve
- ½ csésze kockára vágott paradicsom
- ¼ csésze apróra vágott friss petrezselyem
- ¼ csésze morzsolt feta sajt
- 2 evőkanál extra szűz olívaolaj
- 1 evőkanál citromlé
- 1 teáskanál szárított oregánó
- Só és bors ízlés szerint
- Bazsalikom levelek, díszítéshez

UTASÍTÁS:
a) Melegítsük elő a sütőt 190 °C-ra (375 °F).
b) Vágja le a kaliforniai paprika tetejét, távolítsa el a magokat és a hártyát.
c) Egy serpenyőben keverjük össze a quinoát és a vizet, forraljuk fel, majd lassú tűzön pároljuk. Fedjük le és főzzük körülbelül 15 percig, vagy amíg a víz felszívódik.
d) Egy tálban keverjük össze a főtt quinoát, a csicseriborsót, a kockára vágott paradicsomot, az apróra vágott friss petrezselymet és a morzsolt fetasajtot.
e) Adja hozzá az extraszűz olívaolajat, a citromlevet, a szárított oregánót, a sót és a borsot a quinoa keverékhez. Jól összekeverni.
f) Töltsük meg a kaliforniai paprikát a quinoa és a csicseriborsó keverékével.
g) A töltött paprikákat tepsibe tesszük, alufóliával letakarjuk, és körülbelül 30 percig sütjük.
h) Távolítsa el a fóliát, és süsse további 10 percig, vagy amíg a paprika megpuhul, és a teteje kissé megpirul.
i) Bazsalikomlevéllel díszítve tálaljuk.

66.Mediterrán lencse- és zöldségpörkölt

ÖSSZETEVŐK:
- 1 csésze zöld vagy barna lencse, leöblítve és lecsepegtetve
- 4 csésze zöldségleves
- 2 sárgarépa, kockára vágva
- 2 zellerszár, felkockázva
- 1 hagyma, finomra vágva
- 2 gerezd fokhagyma, felaprítva
- 1 doboz (15 uncia) felkockázott paradicsom
- 1 teáskanál szárított oregánó
- 1 teáskanál szárított kakukkfű
- Só és bors ízlés szerint
- 2 evőkanál extra szűz olívaolaj
- Friss petrezselyem köretnek1 csésze bébispenót

UTASÍTÁS:
a) Egy nagy fazékban közepes lángon hevítsük fel az extraszűz olívaolajat.

b) Adjuk hozzá az apróra vágott hagymát, sárgarépát és zellert. Körülbelül 5 percig pároljuk, amíg el nem kezdenek puhulni.

c) Keverje hozzá a darált fokhagymát, a szárított oregánót és a szárított kakukkfüvet. Főzzük még egy percig.

d) Hozzáadjuk a lencsét, a zöldséglevest és a felkockázott paradicsomot. Felforral.

e) Csökkentse a hőt, fedje le, és párolja körülbelül 25-30 percig, vagy amíg a lencse megpuhul.

f) Közvetlenül tálalás előtt keverje hozzá a spenótot, amíg meg nem fonnyad.

g) Ízlés szerint sózzuk, borsozzuk.

h) A mediterrán lencse- és zöldségpörköltet forrón, friss petrezselyemmel díszítve tálaljuk.

67.Grillezett zöldség és Halloumi nyárs

ÖSSZETEVŐK:
A nyárshoz:
- 1 piros kaliforniai paprika, kockákra vágva
- 1 sárga kaliforniai paprika, kockákra vágva
- 1 cukkini, karikára szeletelve
- 1 vöröshagyma, kockákra vágva
- 8 koktélparadicsom
- 8 db vízbe áztatott fa nyárs
- 8 uncia halloumi sajt, kockákra vágva

A PÁRCÁHOZ:
- 2 evőkanál extra szűz olívaolaj
- 2 evőkanál citromlé
- 1 teáskanál szárított oregánó
- Só és bors ízlés szerint

UTASÍTÁS:
a) Melegíts elő egy grillsütőt közepesen magas hőfokra.

b) A beáztatott fa nyársra felváltva fűzzük a kaliforniai paprikát, a cukkinit, a lilahagymát, a koktélparadicsomot és a halloumi sajtot.

c) Egy kis tálban keverje össze az extraszűz olívaolajat, a citromlevet, a szárított oregánót, a sót és a borsot a páchoz.

d) A nyársakat megkenjük a páccal.

e) A nyársakat oldalanként körülbelül 3-4 percig grillezzük, vagy amíg a zöldségek megpuhulnak és a halloumi sajt enyhén megpirul.

68. Mediterrán garnélarák és spenót Saute

ÖSSZETEVŐK:
- 8 uncia nagy garnélarák, meghámozva és kivágva
- 2 evőkanál extra szűz olívaolaj
- 2 gerezd fokhagyma, felaprítva
- 6 csésze friss spenót
- ½ csésze koktélparadicsom félbevágva
- 1 evőkanál citromlé
- ½ teáskanál szárított oregánó
- Só és bors ízlés szerint
- 1-2 cukkini hosszában félbe vágva, fél holdra szeletelve
- 1 csésze főtt csicseriborsó konzerv csicseriborsóból, lecsepegtetve
- Feta sajt morzsa (elhagyható)
- Maréknyi friss bazsalikomlevél, tépve

UTASÍTÁS:
a) Egy nagy serpenyőben melegítsd fel az extraszűz olívaolajat közepesen magas lángon.
b) Adjuk hozzá a darált fokhagymát, és pároljuk körülbelül 30 másodpercig, amíg illatos lesz.
c) Adjuk hozzá a cukkiniszeleteket, és főzzük 3-4 percig, vagy amíg el nem kezdenek puhulni és enyhén megpirulnak.
d) Tolja a cukkinit a serpenyő oldalára, és adja hozzá a garnélarákot.
e) Mindkét oldalát 2-3 percig sütjük, vagy amíg rózsaszínűek és átlátszatlanok nem lesznek.
f) Adja hozzá a csicseriborsót, a koktélparadicsomot és a friss spenótot a serpenyőbe. Addig pároljuk, amíg a spenót megpuhul és a paradicsom megpuhul.
g) Meglocsoljuk citromlével, és megszórjuk szárított oregánóval, sóval, borssal.
h) Keverjük össze, és főzzük további percig.
i) Ízlés szerint tálalás előtt megszórjuk feta sajtmorzsával és tépett friss bazsalikomlevéllel.

GÖRÖG VEGETÁRIUS

69. Görög Jackfruit Gyros

ÖSSZETEVŐK:

- Négy laposkenyér
- Fél csésze zöldségleves
- Egy negyed csésze citromlé
- Egy csésze tzatziki szósz
- Fél csésze szeletelt vöröshagyma
- Fél csésze szeletelt paradicsom
- Fél csésze római saláta
- Egy evőkanál darált fokhagyma
- Egy csésze paradicsompüré
- Két evőkanál olívaolaj
- Egy evőkanál fokhagymapor
- Egy evőkanál szárított kakukkfű
- Fél teáskanál őrölt fahéj
- Két evőkanál chili por
- Egy negyed teáskanál friss szerecsendió
- Egy csipet tengeri só
- Két csésze jackfruit darab

UTASÍTÁS:

a) Vegyünk egy nagy serpenyőt.
b) Adjuk hozzá az olívaolajat és a fokhagymát a serpenyőbe.
c) Adjuk hozzá az oregánót, a paradicsompürét, a füstölt paprikát, a szerecsendiót, a chiliport, a kakukkfüvet és a sót.
d) Öntsük a serpenyőbe a zöldséglevest, a citromlevet és a jackfruit darabokat.
e) Főzzük jól az összetevőket körülbelül öt percig.
f) Süssük a lepénykenyéreket körülbelül két-három percig.
g) Közben vágjuk fel a lapos kenyereket, hogy tasakos szerkezetet kapjunk.
h) A megfőtt keveréket a laposkenyérhez adjuk, és kibéleljük tzatziki szósszal, római salátával, szeletelt paradicsommal és lilahagymával.

69. Görög Jackfruit Gyros

ÖSSZETEVŐK:

- Négy laposkenyér
- Fél csésze zöldségleves
- Egy negyed csésze citromlé
- Egy csésze tzatziki szósz
- Fél csésze szeletelt vöröshagyma
- Fél csésze szeletelt paradicsom
- Fél csésze római saláta
- Egy evőkanál darált fokhagyma
- Egy csésze paradicsompüré
- Két evőkanál olívaolaj
- Egy evőkanál fokhagymapor
- Egy evőkanál szárított kakukkfű
- Fél teáskanál őrölt fahéj
- Két evőkanál chili por
- Egy negyed teáskanál friss szerecsendió
- Egy csipet tengeri só
- Két csésze jackfruit darab

UTASÍTÁS:

a) Vegyünk egy nagy serpenyőt.
b) Adjuk hozzá az olívaolajat és a fokhagymát a serpenyőbe.
c) Adjuk hozzá az oregánót, a paradicsompürét, a füstölt paprikát, a szerecsendiót, a chiliport, a kakukkfüvet és a sót.
d) Öntsük a serpenyőbe a zöldséglevest, a citromlevet és a jackfruit darabokat.
e) Főzzük jól az összetevőket körülbelül öt percig.
f) Süssük a lepénykenyéreket körülbelül két-három percig.
g) Közben vágjuk fel a lapos kenyereket, hogy tasakos szerkezetet kapjunk.
h) A megfőtt keveréket a laposkenyérhez adjuk, és kibéleljük tzatziki szósszal, római salátával, szeletelt paradicsommal és lilahagymával.

70.Görög vegán Skordalia

ÖSSZETEVŐK:
- Egy negyed csésze mandula étel
- Fél csésze olívaolaj
- Egy rozsdás burgonya
- Két evőkanál citromlé
- Két teáskanál vörösborecet
- Tíz gerezd apróra vágott fokhagyma
- Fél teáskanál só

UTASÍTÁS:
a) Vegyünk egy serpenyőt.
b) A burgonyát a serpenyőben megfőzzük.
c) Ha kész, csepegtessük le a burgonyát.
d) A krumplit pépesítjük.
e) Adjuk hozzá a fokhagymát, a citromlevet, a manduladarat, a sót, a vörösborecetet és az olívaolajat a burgonyapüréhez.
f) Mindent jól összekeverünk.

71.Görög Orzo tészta saláta vegán fetával

ÖSSZETEVŐK:
- Egy apróra vágott vöröshagyma
- Nyolc uncia orzo tészta
- Fél csésze Kalamata olajbogyó
- Két csésze koktélparadicsom
- Fél csésze apróra vágott petrezselyem
- Két csésze vegán sajt
- Egy apróra vágott uborka
- Egy csésze citromöntet

UTASÍTÁS:
a) Vegyünk egy serpenyőt, és öntsük bele a vizet.
b) Forraljuk fel a vizet, és adjuk hozzá az orzo tésztát.
c) Ha kész, csepegtessük le az orzo tésztát.
d) A többi hozzávalót hozzáadjuk a tésztához.
e) Mindent jól összekeverünk.

72.Görög csicseriborsó gyros

ÖSSZETEVŐK:

- Négy laposkenyér
- Fél csésze zöldségleves
- Egy negyed csésze citromlé
- Egy csésze tzatziki szósz
- Fél csésze szeletelt vöröshagyma
- Fél csésze szeletelt paradicsom
- Fél csésze római saláta
- Egy evőkanál darált fokhagyma
- Egy csésze paradicsompüré
- Két evőkanál olívaolaj
- Egy evőkanál fokhagymapor
- Egy evőkanál szárított kakukkfű
- Fél teáskanál őrölt fahéj
- Két evőkanál chili por
- Egy negyed teáskanál friss szerecsendió
- Egy csipet tengeri só
- Két csésze csicseriborsó darab

UTASÍTÁS:

a) Vegyünk egy nagy serpenyőt.
b) Adjuk hozzá az olívaolajat és a fokhagymát a serpenyőbe.
c) Adjuk hozzá az oregánót, a paradicsompürét, a füstölt paprikát, a szerecsendiót, a chiliport, a kakukkfüvet és a sót.
d) Öntsük a serpenyőbe a zöldséglevest, a citromlevet és a csicseriborsó darabokat.
e) Körülbelül húsz percig főzzük jól a hozzávalókat.
f) Süssük a lepénykenyéreket körülbelül két-három percig.
g) Közben vágjuk fel a lapos kenyereket, hogy tasakos szerkezetet kapjunk.
h) A megfőtt keveréket a laposkenyérhez adjuk, és kibéleljük tzatziki szósszal, római salátával, szeletelt paradicsommal és lilahagymával.

73.Görög vegetáriánus muszaka

ÖSSZETEVŐK:
- Egy evőkanál darált fokhagyma
- Két evőkanál friss apróra vágott kapor
- Egy csésze feta sajt
- Két csésze cukkini darab
- Egy csipet só
- Egy csipet őrölt fekete bors
- Egy csésze padlizsán darab
- Két evőkanál olívaolaj
- Három csésze bébispenót
- Két csésze vöröses burgonya
- Egy csésze apróra vágott hagyma
- Két csésze paradicsomszósz
- Két csésze bésamel szósz

UTASÍTÁS:
a) Vegyünk egy nagy tálat.
b) Tedd egy tálba a padlizsánt, a cukkini darabokat, a burgonyát, a babaspenótot.
c) Keverjük össze az olívaolajat, a sót és a törött fekete borsot a tálban.
d) Sütőben körülbelül húsz percig sütjük a hozzávalókat.
e) Vegyünk egy nagy serpenyőt.
f) Adjuk hozzá az olívaolajat és a hagymát a serpenyőbe.
g) A hagymát puhára főzzük.
h) Adjuk hozzá a darált fokhagymát a serpenyőbe.
i) A hozzávalókat jól összefőzzük.
j) Adjuk hozzá a feta sajtot, sót és fekete borsot a serpenyőbe.
k) Az összes hozzávalót jól összekeverjük, majd hozzáadjuk az apróra vágott kaprot
l) Pán.
m) A tepsibe tesszük a sült zöldségeket, majd az egészet összekeverjük
n) jól.
o) Adjuk hozzá a paradicsomszószt és a bésamelszószt a zöldségkeverék tetejére.
p) További tíz percig sütjük.

74.Görög sült cukkini és burgonya

ÖSSZETEVŐK:
- Fél csésze apróra vágott petrezselyem
- Két evőkanál oregánólevél
- Egy evőkanál rozmaringlevél
- Két evőkanál petrezselyemlevél
- Fél csésze apróra vágott hagyma
- Két evőkanál olívaolaj
- Fél csésze bazsalikomlevél
- Egy csésze piros kaliforniai paprika
- Egy evőkanál törött pirospaprika
- Fél teáskanál édesköménylevél
- Egy csipet kóser só
- Egy csipet fekete bors
- Egy csésze padlizsán darab
- Egy csésze cukkini darab
- Egy csésze apróra vágott metélőhagyma
- Egy csésze koktélparadicsom
- Fél csésze sós nyári gallyak
- Két evőkanál darált fokhagyma
- Két evőkanál szárított kakukkfű

UTASÍTÁS:
a) Vegyünk egy nagy serpenyőt.
b) Adjuk hozzá az olívaolajat és az apróra vágott hagymát.
c) A hagymát addig főzzük, amíg világosbarna nem lesz.
d) Adjuk hozzá a darált fokhagymát a serpenyőbe.
e) Főzzük a keveréket öt percig.
f) Ízesítsük a keveréket sóval és borssal.
g) Adjuk hozzá a fűszereket és az összes zöldséget.
h) Egy tálban törjük össze a koktélparadicsomokat és adjuk hozzá a sót.
i) Amikor a zöldségek elkészültek, tányérba tegyük a keveréket.
j) Adjuk hozzá a zúzott paradicsomot a serpenyőbe.
k) Főzzük a paradicsomot tíz percig, vagy amíg megpuhulnak.
l) Adja hozzá ismét a zöldségkeveréket a serpenyőbe.
m) Adja hozzá a többi hozzávalót a tepsibe, és süsse körülbelül tizenöt percig.

75.Görög vegetáriánus rizs

ÖSSZETEVŐK:
- Három csésze apróra vágott vegyes zöldség
- Két teáskanál citromlé
- Fél csésze apróra vágott hagyma
- Két evőkanál darált fokhagyma
- Két evőkanál olívaolaj
- Egy csipet só
- Egy csipet fekete bors
- Egy negyed csésze szárított menta
- Két evőkanál apróra vágott friss kapor
- Két kiló rizsszem
- Két csésze paradicsompüré
- Két csésze vizet

UTASÍTÁS:
a) Vegyünk egy nagy serpenyőt.
b) Adjunk hozzá vizet a serpenyőbe, és ízesítsük sóval.
c) Forraljuk fel a vizet, majd adjuk hozzá a rizst a vízhez.
d) A rizst megfőzzük, majd leszűrjük.
e) Vegyünk egy nagy serpenyőt.
f) Hozzáadjuk az olívaolajat és jól felforrósítjuk.
g) Az apróra vágott hagymát beletesszük a serpenyőbe, és addig főzzük, amíg puha és illatos nem lesz.
h) Adjuk hozzá az apróra vágott fokhagymát a serpenyőbe.
i) Tegye a serpenyőbe a zöldségeket, a paradicsompürét, a citromlevet, a sót és a törött fekete borsot.
j) Főzzük az összetevőket körülbelül tíz percig.
k) Adjuk hozzá a főtt rizs a serpenyőbe, és jól keverjük össze.
l) Adjuk hozzá a szárított mentát és az apróra vágott kaprot a serpenyőbe.
m) Helyezzen fedőt a serpenyő tetejére.
n) Főzzük a rizst körülbelül öt percig alacsony lángon.

76. Görög Gigantes Plaki

ÖSSZETEVŐK:
- Négy evőkanál finomra vágott zeller
- Fél csésze forró víz
- Két csésze apróra vágott paradicsom
- Egy teáskanál szárított oregánólevél
- Egy csipetnyi frissen őrölt fekete bors
- Egy csipet kóser só
- Fél csésze olívaolaj
- Két evőkanál darált fokhagyma
- Két csésze gigantes plaki
- Fél csésze apróra vágott hagyma
- Négy evőkanál finomra vágott petrezselymet

UTASÍTÁS:
a) Vegyünk egy serpenyőt.
b) Adjuk hozzá az olívaolajat és a hagymát.
c) A hagymát addig főzzük, amíg puha és illatos nem lesz.
d) Adjuk hozzá az apróra vágott fokhagymát a serpenyőbe.
e) Főzzük meg a keveréket, és tegyük bele a paradicsomot.
f) Fedjük le az edényt fedéllel.
g) A paradicsomot addig főzzük, amíg megpuhul.
h) Adja hozzá a babot a serpenyőbe.
i) Öt percig főzzük.
j) Adjunk hozzá vizet, sót és fekete borsot a serpenyőbe.
k) Óvatosan keverjük össze a hozzávalókat, és fedjük le a serpenyőt.
l) Amikor a bab megfőtt, tálaljuk ki.
m) Díszítsük az ételt apróra vágott zellerrel és petrezselyemlevéllel a tetején.

77.Görög paradicsomos rántott

ÖSSZETEVŐK:
- Egy csésze apróra vágott paradicsom
- Egy csésze vöröshagyma
- Egy csésze gramm liszt
- Egy csipet só
- Két evőkanál kevert fűszer
- Fél csésze apróra vágott kapor
- Fél csésze apróra vágott koriander
- Növényi olaj

UTASÍTÁS:
a) Vegyünk egy nagy tálat.
b) Mindent hozzáadunk a tálba, és jól összekeverjük.
c) Adjunk hozzá vizet a tálba, hogy keveréket kapjunk.
d) Melegíts fel egy serpenyőt, és önts bele növényi olajat.
e) Óvatosan adjunk hozzá egy kanál tésztát a serpenyőbe, és főzzük néhány percig.
f) Akkor tálaljuk ki, amikor a rántott világosbarna színűvé válik.

78.Görög csicseriborsó rántott

ÖSSZETEVŐK:
- Egy csésze párolt csicseriborsó
- Egy csésze vöröshagyma
- Egy csésze gramm liszt
- Egy csipet só
- Két evőkanál kevert fűszer
- Fél csésze apróra vágott kapor
- Fél csésze apróra vágott koriander
- Növényi olaj

UTASÍTÁS:
a) Vegyünk egy nagy tálat.
b) Mindent hozzáadunk a tálba, és jól összekeverjük.
c) Adjunk hozzá vizet az edénybe, hogy keveréket kapjunk.
d) Melegíts fel egy serpenyőt, és önts bele növényi olajat.
e) Óvatosan adjunk hozzá egy kanál tésztát a serpenyőbe, és főzzük néhány percig.
f) Akkor tálaljuk ki, amikor a rántott világosbarna színűvé válik.

79.Görög fehérbab pörkölt

ÖSSZETEVŐK:
- Egy csésze apróra vágott hagyma
- Egy csésze apróra vágott petrezselyem
- Egy csésze zöldségalaplé
- Egy csésze vizet
- Egy csipet só
- Egy csipet fekete bors
- Két evőkanál olívaolaj
- Egy kiló fehér bab
- Fél evőkanál apróra vágott fokhagyma
- Két csésze apróra vágott paradicsom
- Fél csésze apróra vágott friss kakukkfű
- Fél csésze apróra vágott friss oregánó
- Fél csésze apróra vágott friss metélőhagyma
- Egy teáskanál kevert fűszerpor
- Fél teáskanál füstölt paprika
- Egy babérlevél

UTASÍTÁS:
a) Vegyünk egy nagy serpenyőt.
b) Hozzáadjuk az apróra vágott hagymát és az olívaolajat.
c) A hozzávalókat jól összekeverjük.
d) Adjuk hozzá az apróra vágott fokhagymát a serpenyőbe.
e) Adjuk hozzá a paradicsomot, az oregánót, a babérlevelet, a sót, a fekete borsot, a kakukkfüvet, a füstölt paprikát, keverjük hozzá a fűszerport és a metélőhagymát a serpenyőbe.
f) A hozzávalókat jól összefőzzük.
g) Adjuk hozzá a fehér babot a keverékhez.
h) Öntsük a serpenyőbe a zöldséglevet és a vizet.
i) A pörköltet jól összekeverjük.
j) Helyezzen fedőt a serpenyő tetejére.
k) Főzzük a pörköltet tíz-tizenöt percig.
l) Ha a bab elkészült, tálaljuk ki a pörköltet.
m) A tetejét apróra vágott petrezselyemmel díszítjük.

80.Görög vegetáriánus Bamie s

ÖSSZETEVŐK:
- Egy csésze apróra vágott hagyma
- Egy csésze apróra vágott petrezselyem
- Egy csésze zöldségalaplé
- Egy csésze vizet
- Egy csipet só
- Egy csipet fekete bors
- Két evőkanál olívaolaj
- Egy kiló okra
- Fél evőkanál apróra vágott fokhagyma
- Két csésze apróra vágott paradicsom
- Fél csésze apróra vágott friss kakukkfű
- Fél csésze apróra vágott friss oregánó
- Fél csésze apróra vágott friss metélőhagyma
- Egy teáskanál kevert fűszerpor
- Fél teáskanál füstölt paprika
- Egy babérlevél

UTASÍTÁS:
a) Vegyünk egy nagy serpenyőt.
b) Hozzáadjuk az apróra vágott hagymát és az olívaolajat.
c) A hozzávalókat jól összekeverjük.
d) Adjuk hozzá az apróra vágott fokhagymát a serpenyőbe.
e) Adjuk hozzá a paradicsomot, az oregánót, a babérlevelet, a sót, a fekete borsot, a kakukkfüvet, a füstölt paprikát, keverjük hozzá a fűszerport és a metélőhagymát a serpenyőbe.
f) A hozzávalókat jól összefőzzük.
g) Adja hozzá az okra darabokat a keverékhez.
h) Öntsük a serpenyőbe a zöldséglevet és a vizet.
i) A pörköltet jól összekeverjük.
j) Helyezzen fedőt a serpenyő tetejére.
k) Főzzük a pörköltet tíz-tizenöt percig.
l) Amikor a zöldségek elkészültek, tálaljuk ki a pörköltet.
m) A tetejét apróra vágott petrezselyemmel díszítjük.

81.Görög grillezett zöldségtálak

ÖSSZETEVŐK:
- Egy apróra vágott vöröshagyma
- Egy csésze padlizsán darab
- Egy csésze cukkini darab
- Két csésze koktélparadicsom
- Fél csésze apróra vágott petrezselyem
- Két csésze feta sajt
- Egy csésze kaliforniai paprika
- Egy csésze gomba
- Egy csésze citromöntet

UTASÍTÁS:
a) Vegyünk egy grillserpenyőt, és öntsük bele az olívaolajat.
b) Grillezzük rajta a zöldségeket.
c) Ha kész, vedd ki a zöldséget.
d) A többi hozzávalót hozzáadjuk a zöldségekhez.
e) Mindent jól összekeverünk.

82.Zöldséggolyók Tahini citromszósszal

ÖSSZETEVŐK:
- Egy apróra vágott vöröshagyma
- Két gerezd darált fokhagyma
- Egy csipet só
- Egy csipet fekete bors
- Fél csésze mentalevél
- Két csésze reszelt vegyes zöldség
- Fél teáskanál oregánó
- Egy tojás
- Két evőkanál olívaolaj
- Egy csésze tahini citromszósz

UTASÍTÁS:
a) Vegyünk egy nagy tálat.
b) Tegye a tálba a reszelt vegyes zöldségeket, a fűszereket, a mentát, a hagymát, a fokhagymát és a tojást.
c) Az összes hozzávalót jól összekeverjük és kerek golyós szerkezeteket formázunk.
d) A zöldséggolyókat olívaolajon aranybarnára sütjük.
e) Tedd ki a golyókat.
f) Tálaljuk a golyókat tahini citromszósszal az oldalára.

83. Görög sült zöldségek

ÖSSZETEVŐK:
- Fél csésze apróra vágott petrezselyem
- Két evőkanál oregánólevél
- Egy evőkanál rozmaringlevél
- Két evőkanál petrezselyemlevél
- Fél csésze apróra vágott hagyma
- Két evőkanál olívaolaj
- Fél csésze bazsalikomlevél
- Egy evőkanál törött pirospaprika
- Fél teáskanál édesköménylevél
- Egy csipet kóser só
- Egy csipet fekete bors
- Három csésze vegyes zöldségdarabok
- Egy csésze apróra vágott metélőhagyma
- Egy csésze koktélparadicsom
- Fél csésze sós nyári gallyak
- Két evőkanál darált fokhagyma
- Két evőkanál szárított kakukkfű

UTASÍTÁS:
a) Vegyünk egy nagy serpenyőt.
b) Adjuk hozzá az olívaolajat és az apróra vágott hagymát.
c) A hagymát addig főzzük, amíg világosbarna nem lesz.
d) Adjuk hozzá a darált fokhagymát a serpenyőbe.
e) Főzzük a keveréket öt percig.
f) Ízesítsük a keveréket sóval és borssal.
g) Adjuk hozzá a fűszereket és az összes zöldséget.
h) Egy tálban törjük össze a koktélparadicsomokat és adjuk hozzá a sót.
i) Amikor a zöldségek elkészültek, tányérba tegyük a keveréket.
j) Adjuk hozzá a zúzott paradicsomot a serpenyőbe.
k) Főzzük a paradicsomot tíz percig, vagy amíg megpuhulnak.
l) Adja hozzá ismét a zöldségkeveréket a serpenyőbe.
m) Adja hozzá a többi hozzávalót a tepsibe, és süsse körülbelül tizenöt percig.

84. Görög A ube igine és paradicsompörkölt

ÖSSZETEVŐK:
- Egy csésze apróra vágott hagyma
- Egy csésze apróra vágott petrezselyem
- Egy csésze zöldségalaplé
- Egy csésze vizet
- Egy csipet só
- Egy csipet fekete bors
- Két evőkanál olívaolaj
- Egy kiló bennszülött
- Fél evőkanál apróra vágott fokhagyma
- Két csésze apróra vágott paradicsom
- Fél csésze apróra vágott friss kakukkfű
- Fél csésze apróra vágott friss oregánó
- Fél csésze apróra vágott friss metélőhagyma
- Egy teáskanál kevert fűszerpor
- Fél teáskanál füstölt paprika
- Egy babérlevél

UTASÍTÁS:
a) Vegyünk egy nagy serpenyőt.
b) Hozzáadjuk az apróra vágott hagymát és az olívaolajat.
c) A hozzávalókat jól összekeverjük.
d) Adjuk hozzá az apróra vágott fokhagymát a serpenyőbe.
e) Adjuk hozzá a paradicsomot, az oregánót, a babérlevelet, a sót, a fekete borsot, a kakukkfüvet, a füstölt paprikát, keverjük hozzá a fűszerport és a metélőhagymát a serpenyőbe.
f) A hozzávalókat jól összefőzzük.
g) Adjuk hozzá az őslakost a keverékhez.
h) Öntsük a serpenyőbe a zöldséglevet és a vizet.
i) A pörköltet jól összekeverjük.
j) Helyezzen fedőt a serpenyő tetejére.
k) Főzzük a pörköltet tíz-tizenöt percig.
l) Amikor a zöldségek elkészültek, tálaljuk ki a pörköltet.
m) A tetejét apróra vágott petrezselyemmel díszítjük.

85.Görög avokádó tartine

ÖSSZETEVŐK:
- Fél csésze citromlé
- Négy szelet tartine kenyér
- Fél csésze koktélparadicsom
- Fél csésze extra szűz olívaolaj
- Fél csésze morzsolt sajt
- Darált piros chili
- Egy negyed csésze kapor
- Két csésze apróra vágott avokádó
- Egy csipet só
- Egy csipet fekete bors

UTASÍTÁS:
a) Vegyünk egy nagy tálat.
b) Hozzáadjuk az összes hozzávalót, kivéve a kenyérszeleteket.
c) Keverje össze az összes hozzávalót.
d) Pirítsuk meg a tartine kenyérszeleteket
e) A keveréket a kenyérszeletek tetejére kenjük.

86.Görög spenótos rizs

ÖSSZETEVŐK:
- Három csésze apróra vágott spenót
- Két teáskanál citromlé
- Fél csésze apróra vágott hagyma
- Két evőkanál darált fokhagyma
- Két evőkanál olívaolaj
- Egy csipet só
- Egy csipet fekete bors
- Egy negyed csésze szárított menta
- Két evőkanál apróra vágott friss kapor
- Két kiló rizsszem
- Két csésze paradicsompüré
- Két csésze vizet

UTASÍTÁS:
a) Vegyünk egy nagy serpenyőt.
b) Adjunk hozzá vizet a serpenyőbe, és ízesítsük sóval.
c) Forraljuk fel a vizet, majd adjuk hozzá a rizst a vízhez.
d) A rizst megfőzzük, majd leszűrjük.
e) Vegyünk egy nagy serpenyőt.
f) Hozzáadjuk az olívaolajat és jól felforrósítjuk.
g) Az apróra vágott hagymát beletesszük a serpenyőbe, és addig főzzük, amíg puha és illatos nem lesz.
h) Adjuk hozzá az apróra vágott fokhagymát a serpenyőbe.
i) Adjuk hozzá a spenótot, a paradicsompürét, a citromlevet, a sót és a törött fekete borsot.
j) Főzzük az összetevőket körülbelül tíz percig.
k) Adjuk hozzá a főtt rizs a serpenyőbe, és jól keverjük össze.
l) Adjuk hozzá a szárított mentát és az apróra vágott kaprot a serpenyőbe.
m) Helyezzen fedőt a serpenyő tetejére.
n) Főzzük a rizst körülbelül öt percig alacsony lángon.

87. Görög Avgolemono leves

ÖSSZETEVŐK:
- Fél csésze apróra vágott friss kakukkfű
- Fél csésze apróra vágott friss oregánó
- Fél csésze apróra vágott friss metélőhagyma
- Egy teáskanál kevert fűszerpor
- Fél teáskanál füstölt paprika
- Egy babérlevél
- Egy csipet só
- Egy csipet fekete bors
- Két evőkanál olívaolaj
- Egy kiló csirkedarab
- Fél evőkanál apróra vágott fokhagyma
- Két csésze apróra vágott paradicsom
- Egy csésze apróra vágott hagyma
- Egy csésze apróra vágott petrezselyem
- Egy csésze zöldségalaplé
- Egy csésze vizet
- Fél csésze citromlé

UTASÍTÁS:
a) Vegyünk egy nagy serpenyőt.
b) Hozzáadjuk az apróra vágott hagymát és az olívaolajat.
c) A hozzávalókat jól összekeverjük.
d) Adjuk hozzá az apróra vágott fokhagymát a serpenyőbe.
e) Adjuk hozzá a paradicsomot, az oregánót, a babérlevelet, a sót, a fekete borsot, a kakukkfüvet, a füstölt paprikát, keverjük hozzá a fűszerport és a metélőhagymát a serpenyőbe.
f) A hozzávalókat jól összefőzzük.
g) Adjuk hozzá a csirkedarabokat és a citromlevet a keverékhez.
h) Öntsük a serpenyőbe a zöldséglevet és a vizet.
i) A levest jól összekeverjük.
j) Helyezzen fedőt a serpenyő tetejére.
k) Főzzük a levest tíz-tizenöt percig.
l) Amikor a csirkedarabok elkészültek, kiöntjük a levest.
m) A tetejét apróra vágott petrezselyemmel díszítjük.

88.Görög Növényi Pitas

ÖSSZETEVŐK:
- Két evőkanál olívaolaj
- Két darab pita kenyér
- Két nagy tojás
- Egy érett koktélparadicsom
- Két csésze vegyes zöldség
- Egy csésze apróra vágott hagyma
- Fél csésze apróra vágott bazsalikom
- Egy negyed csésze morzsolt feta sajt
- Egy csipet só
- Egy csipet fekete bors
- Egy csokor apróra vágott koriander

UTASÍTÁS:
a) Vegyünk egy nagy serpenyőt.
b) Adjuk hozzá az olívaolajat a serpenyőbe.
c) Adjuk hozzá a hagymát és a sót a serpenyőbe.
d) A hagymát jól megpirítjuk, majd a serpenyőbe beletesszük a fekete borsot.
e) Adjuk hozzá a kevert zöldségeket a keverékhez.
f) Adjuk hozzá az apróra vágott bazsalikomot a keverékhez.
g) Főzzük jól az összetevőket körülbelül tizenöt percig.
h) Tálaláskor tálaljuk, amikor a zöldségek elkészültek.
i) Hagyjuk kihűlni a húst, majd adjuk hozzá a morzsolt feta sajtot.
j) Jól összekeverni.
k) Melegítsük fel a pita kenyeret.
l) A kenyérbe lyukat vágunk, és beletesszük a megfőtt keveréket.
m) A kenyeret apróra vágott korianderrel díszítjük.

GÖRÖG DESSZERT

89.Görög vajas sütik

ÖSSZETEVŐK:

- Fél teáskanál szerecsendió
- Egy teáskanál vanília kivonat
- Három és fél csésze liszt
- Fél csésze cukor
- Egy csésze sós vaj
- Egy evőkanál élesztő
- Két nagy tojás
- Fél teáskanál kóser só

UTASÍTÁS:
a) Vegyünk egy nagy tálat.
b) Adjuk hozzá a száraz hozzávalókat egy tálba.
c) Az összes hozzávalót jól összekeverjük.
d) Adjuk hozzá a fehér cukrot és az élesztőt egy tálban két evőkanál forró vízzel.
e) Helyezze az élesztőkeveréket nedves helyre.
f) Adjuk hozzá a vajat a nedves hozzávalókhoz.
g) Adjuk hozzá az élesztős keveréket és a tojást a süti keverékhez.
h) Adja hozzá a kapott keveréket egy zsákba.
i) Egy tepsiben kis kerek sütiket készítünk, és megsütjük.
j) Ha kész, tálaljuk ki a sütiket.
k) Az étel tálalásra kész.

90.Görög mézes süti s

ÖSSZETEVŐK:
- Fél teáskanál szerecsendió
- Egy teáskanál vanília kivonat
- Három és fél csésze liszt
- Fél csésze méz
- Fél csésze olaj
- Egy evőkanál élesztő
- Két nagy tojás
- Fél teáskanál kóser só

UTASÍTÁS:
a) Vegyünk egy nagy tálat.
b) Adjuk hozzá a száraz hozzávalókat egy tálba.
c) Az összes hozzávalót jól összekeverjük.
d) Adjuk hozzá a mézet és az élesztőt egy tálban két evőkanál forrón
e) víz.
f) Helyezze az élesztős keveréket nedves helyre.
g) Adjuk hozzá az olajat a nedves hozzávalókhoz.
h) Adjuk hozzá az élesztős keveréket és a tojást a süti keverékhez.
i) Adja hozzá a kapott keveréket egy zsákba.
j) Egy tepsiben kis kerek sütiket készítünk, és megsütjük.
k) Ha kész, tálaljuk ki a sütiket.
l) Az étel tálalásra kész.

91.Görög diótorta

ÖSSZETEVŐK:
- Egy csésze vaníliaszósz
- Fél csésze vaj
- Egy negyed csésze cukor
- Egy negyed teáskanál őrölt kardamom
- Egy csésze lisztet
- Egy csipetnyi szódabikarbóna,
- Egy tojás
- Egy csésze szeletelt mandula
- Frostinghoz
- Fél csésze vaníliaszósz
- Fél csésze nehéz tejszín
- Fél csésze vaj
- Fél csésze barna cukor
- Egy negyed teáskanál fahéj

UTASÍTÁS:
a) Vegyünk egy nagy tálat.
b) Adjuk hozzá a tésztát és keverjük össze az összes hozzávalót.
c) Készítsük el a tésztát, és öntsük egy tepsibe.
d) Ügyeljünk arra, hogy a tepsit megfelelően kikentjük-e és sütőpapírral béleljük.
e) Adjuk hozzá a diós keveréket, és keverjük össze az összes hozzávalót.
f) Süssük meg a tortát.
g) Ha kész, tálaljuk ki.
h) A vaníliás és a tejszínhabot úgy készítsük el, hogy először a vajat és a tejszínt habosra keverjük.
i) Adjuk hozzá a többi hozzávalót, és keverjük öt percig.
j) A torta tetejére adjuk a vaníliás tejszínhabot.
k) Ügyeljen arra, hogy a torta minden oldalát bevonja a cukormázzal.
l) A tortát szeletekre vágjuk.
m) Az étel tálalásra kész.

92.görög Baklava

ÖSSZETEVŐK:

- Nyolc uncia vaj
- Egy csomag filo lepedőt
- Egy teáskanál vanília kivonat
- Fél csésze apróra vágott dió (tetszés szerint)
- Egy csésze méz
- Egy csésze cukor
- Egy teáskanál őrölt fahéj
- Egy csésze vizet

UTASÍTÁS:
a) Vegyünk egy nagy tálat.
b) Hozzáadjuk a vajat és jól elkeverjük.
c) Adja hozzá a diót, a fahéjat és a mézet a vajas tálba.
d) A hozzávalókat jól összekeverjük.
e) Adjuk hozzá a szárított mentát a tálba, és jól keverjük össze.
f) A filolapokat kivajazott tepsibe terítjük.
g) Adja hozzá a diós keveréket a filolapokhoz, és fedje be további filolapokkal.
h) Süssük a baklavát körülbelül negyven percig.
i) Adjunk hozzá cukrot és vizet egy serpenyőben, és főzzük.
j) Vágjuk ki a baklavát és vágjuk kockákra.
k) A cukorszirupot a baklava tetejére öntjük
l) Tálaljuk ki a baklavát.
m) Az étel tálalásra kész.

93.Ananász szép krém

ÖSSZETEVŐK:

- 2 csésze fagyasztott ananászdarabok
- 1 érett banán, meghámozva és fagyasztva
- ½ csésze kókusztej
- 1 evőkanál méz vagy juharszirup (elhagyható)
- 1 teáskanál vanília kivonat (elhagyható)
- Friss ananászszeletek és mentalevél a díszítéshez (opcionális)

UTASÍTÁS:

a) Győződjön meg arról, hogy mind a fagyasztott ananászdarabok, mind a fagyasztott banán megfelelően lefagyott. Lefagyaszthatod őket néhány órára vagy egy éjszakára.

b) Egy konyhai robotgépben vagy nagy sebességű turmixgépben keverje össze a fagyasztott ananászt, a fagyasztott banánt, a kókusztejet és a mézet (vagy juharszirupot, ha használ).

c) Ha szükséges, adjunk hozzá vaníliakivonatot az extra ízért.

d) Keverje össze az összes hozzávalót, amíg a keverék sima és krémes nem lesz. Előfordulhat, hogy néhányszor meg kell állnia, és le kell kaparnia az oldalakat, hogy biztosítsa az egyenletes keverést.

e) Kóstolja meg a finom krémet, és ízlés szerint állítsa be az édességet úgy, hogy ha szükséges, adjon hozzá még mézet vagy juharszirupot.

f) Ha a keverék jól összekeveredett és sima, fagylaltszerű állagot kapott, kész is.

g) Azonnal fogyaszthatod lágy tálalású fagylaltként, vagy edénybe töltheted és lefagyaszthatod, hogy szilárdabb állagú legyen.

h) Ha a szilárdabb állag érdekében fagyasztjuk, érdemes néhány percig szobahőmérsékleten állni, mielőtt kikanalaznánk.

i) Díszítse Pineapple Nice Cream-ét friss ananászszeletekkel és mentalevéllel a gyönyörű prezentáció érdekében (opcionális).

j) Tálalja és élvezze ízletes és egészséges ananászos finom krémjét!

94.Görög narancstorta

ÖSSZETEVŐK:

- Egy csésze narancslé
- Fél csésze vaj
- Egy negyed csésze cukor
- Negyed teáskanál őrölt kardamom
- Egy csésze lisztet
- Egy csipetnyi szódabikarbóna,
- Egy tojás
- Két teáskanál narancshéj

UTASÍTÁS:

a) Vegyünk egy nagy tálat.
b) Adjuk hozzá a tésztát és keverjük össze az összes hozzávalót.
c) Készítsük el a tésztát, és öntsük egy tepsibe.
d) Ügyeljünk arra, hogy a tepsit megfelelően kikentjük-e és sütőpapírral béleljük.
e) Süssük meg a tortát.
f) Ha kész, tálaljuk ki.
g) A tortát szeletekre vágjuk.
h) Az étel tálalásra kész.

95.Görög fánk (Loukoumades)

ÖSSZETEVŐK:
- Fél csésze vaj
- Nyolc tojás
- Két csésze cukor
- Három csésze liszt
- Egy csésze tej
- Egy evőkanál sütőpor
- Két evőkanál tejföl
- Egy teáskanál kardamom cukor
- Egy teáskanál szódabikarbóna
- Két evőkanál méz

UTASÍTÁS:
a) Egy nagy tálban keverjük össze az összes hozzávalót a kardamom cukor és a méz kivételével.
b) A keverékből félvastag tésztát formázunk.
c) Egy serpenyőt hevíts tele olajjal.
d) Fánkvágó segítségével kör alakú, fánkszerű szerkezetet készítünk.
e) A fánkokat megpirítjuk.
f) Hagyjuk kihűlni a fánkokat.
g) A mézet csorgassuk a fánkok tetejére.
h) Adjuk hozzá a fahéjas cukrot az egész fánkhoz.

96.Görög puding puding

ÖSSZETEVŐK:

- Két csésze teljes tej
- Két csésze vizet
- Négy evőkanál kukoricakeményítő
- Négy evőkanál fehér cukor
- Két tojássárgája
- Negyed teáskanál fahéjpor

UTASÍTÁS:

a) Vegyünk egy nagy serpenyőt.
b) Adjuk hozzá a vizet és a teljes tejet.
c) Hagyja forrni a folyadékot öt percig.
d) Adjuk hozzá a tojássárgáját és a cukrot a tejes keverékhez.
e) Főzzük jól az összes hozzávalót harminc percig, vagy amíg el nem kezd sűrűsödni.
f) Folyamatosan keverjük.
g) Adjuk hozzá a fahéjport a tetejére.
h) Az étel tálalásra kész.

97.Görög mandula szirupos sütemények

ÖSSZETEVŐK:

- Nyolc uncia mandula szirup
- Egy csomag filo lepedőt
- Egy teáskanál szárított szerecsendió
- Fél csésze apróra vágott dió (tetszés szerint)
- Egy csésze mézes kakukkfű
- Hét uncia vaj

UTASÍTÁS:

a) Vegyünk egy nagy tálat.
b) Hozzáadjuk a vajat és jól elkeverjük.
c) Adja hozzá a diót és a mandulaszirupot a vajas tálba.
d) A hozzávalókat jól összekeverjük.
e) A filolapokat kivajazott tepsibe terítjük.
f) Adja hozzá a diós keveréket a filolapokhoz, és fedje be további filolapokkal.
g) Süssük a tésztát körülbelül negyven percig.
h) Tedd ki a péksüteményt.
i) A pite tetejére csorgassunk mézes kakukkfüvet.
j) Az étel tálalásra kész.

98.Görög mandulás omlós tészta

ÖSSZETEVŐK:

- Fél teáskanál vaníliarúd paszta
- Két és fél csésze liszt
- Fél teáskanál sütőpor
- Egy csésze sótlan vaj
- Egy tojássárgája
- Két csésze porcukor
- Fél csésze apróra vágott mandula

UTASÍTÁS:

a) Vegyünk egy nagy tálat.
b) Adjuk hozzá a vaníliarúd pépet, a lisztet, a sütőport, a sótlan vajat, a tojássárgáját és a mandulát a tálba.
c) Keverjük össze az összes hozzávalót, és tegyük egy tepsibe.
d) Süssük a keveréket harminc percig.
e) Vágja ki a kenyeret és vágja szeletekre.
f) A kenyeret porcukorral megszórjuk.

99.Görög narancsvirág Baklava

ÖSSZETEVŐK:
- Nyolc uncia vaj
- Egy csomag filo lepedőt
- Egy teáskanál vanília kivonat
- Fél csésze apróra vágott dió (tetszés szerint)
- Egy csésze méz
- Egy csésze cukor
- Egy teáskanál őrölt narancspor
- Egy csésze vizet

UTASÍTÁS:
a) Vegyünk egy nagy tálat.
b) Hozzáadjuk a vajat és jól elkeverjük.
c) Adja hozzá a diót, a narancsport és a mézet a vajas tálba.
d) A hozzávalókat jól összekeverjük.
e) Adjuk hozzá a szárított mentát a tálba, és jól keverjük össze.
f) A filolapokat kivajazott tepsibe terítjük.
g) Adja hozzá a diós keveréket a filolapokhoz, és fedje be további filolapokkal.
h) Süssük a baklavát körülbelül negyven percig.
i) Adjunk hozzá cukrot és vizet egy serpenyőbe, és főzzük.
j) A baklavát kitálaljuk és feldaraboljuk.
k) A cukorszirupot a baklava tetejére öntjük
l) Tálaljuk ki a baklavát.
m) Az étel tálalásra kész.

100.Görög méz és rózsavíz Baklava

ÖSSZETEVŐK:
- Nyolc uncia vaj
- Egy csomag filo lepedőt
- Egy teáskanál vanília kivonat
- Fél csésze apróra vágott dió (tetszés szerint)
- Egy csésze méz
- Egy csésze cukor
- Egy teáskanál rózsavíz
- Egy csésze vizet

UTASÍTÁS:
a) Vegyünk egy nagy tálat.
b) Hozzáadjuk a vajat és jól elkeverjük.
c) Adja hozzá a diót, a rózsavizet és a mézet a vajas tálba.
d) A hozzávalókat jól összekeverjük.
e) Adjuk hozzá a szárított mentát a tálba, és jól keverjük össze.
f) A filolapokat kivajazott tepsibe terítjük.
g) Adja hozzá a diós keveréket a filolapokhoz, és fedje be további filolapokkal.
h) Süssük a baklavát körülbelül negyven percig.
i) Adjunk hozzá cukrot és vizet egy serpenyőben, és főzzük.
j) A baklavát kitálaljuk és feldaraboljuk.
k) A cukorszirupot a baklava tetejére öntjük
l) Tálaljuk ki a baklavát.
m) Az étel tálalásra kész.

KÖVETKEZTETÉS

A „Görög: mindennapi receptek görög gyökerekkel" című könyv napsütötte oldalain tett utazásunk végén reméljük, hogy saját konyhája kényelmében megtapasztalhatta a görög konyha varázsát. Ezeken az oldalakon minden recept a mediterrán ízek időtlen vonzerejét bizonyítja, ahol az egyszerűség találkozik a kifinomultsággal, és minden étkezés ünneppé válik.

Akár beleélte magát a muszaka megnyugtató rétegeibe, a görög saláták frissességébe, vagy a baklava édességébe, bízunk benne, hogy ez a 100 recept Görögország ízét hozta otthonába. Az összetevőkön és a technikákon túl érezhette a görög vendégszeretet melegét és azt az örömet, amely azzal jár, ha ízletes ételeket oszt meg szeretteivel.

Miközben folytatja a Földközi-tenger kulináris gazdagságának felfedezését, a "görög" ösztönözheti Önt arra, hogy mindennapi főzését Görögország szellemével töltse át. Az olajfaligetektől az azúrkék tengerekig, hagyja, hogy a görög konyha esszenciája megmaradjon konyhájában, és az öröm, a kapcsolat és a finom felfedezés pillanatait teremtse meg. Opa, és üdv a görög konyha végtelen élvezeteinek!

www.ingramcontent.com/pod-product-compliance
Lightning Source LLC
Chambersburg PA
CBHW071852110526
44591CB00011B/1389